U0523560

基于课型分类的
语文教学实践

冯胜兰 著

四川人民出版社

图书在版编目（CIP）数据

基于课型分类的语文教学实践／冯胜兰著. —成都：四川人民出版社，2023.11
ISBN 978-7-220-13457-9

Ⅰ.①基… Ⅱ.①冯… Ⅲ.①语文教学—教学研究 Ⅳ.①H19

中国国家版本馆 CIP 数据核字（2023）第 172283 号

JIYU KEXING FENLEI DE YUWEN JIAOXUE SHIJIAN
基于课型分类的语文教学实践
冯胜兰 著

出 版 人	黄立新
策划统筹	李淑云
责任编辑	朱雯馨
版式设计	四川看熊猫杂志有限公司
封面设计	张 科
责任校对	林 泉 吴 玥
责任印制	周 奇
出版发行	四川人民出版社（成都三色路238号）
网 址	http://www.scpph.com
E-mail	scrmcbs@sina.com
新浪微博	@四川人民出版社
微信公众号	四川人民出版社
发行部业务电话	（028）86361653　86361656
防盗版举报电话	（028）86361661
照 排	四川看熊猫杂志有限公司
印 刷	四川机投印务有限公司
成品尺寸	155mm×230mm
印 张	14.25
字 数	180 千
版 次	2023 年 11 月第 1 版
印 次	2023 年 11 月第 1 次印刷
书 号	ISBN 978-7-220-13457-9
定 价	48.00 元

■版权所有·侵权必究

本书若出现印装质量问题，请与我社发行部联系调换
电话：（028）86361656

目录 CONTENTS

绪论： 语文的课型分类
　　——兼谈课型与培养语文素养的关系 ·················· 1

第一章　素读文本的五个角度
　　——以石磊老师《秋词》的教学设计为例 ·············· 17
　　附：人生如秋莫寂寥，豪情满怀到碧霄
　　——刘禹锡《秋词（其一）》教学设计

第二章　预习课：凡事预则立 ································· 34
　　附：统编教材七年级上册第二单元现代文预习课教学设计

第三章　文本分析课的一次教学实践及反思
　　——以古典诗歌《使至塞上》的教学为例 ·············· 50
　　附：《使至塞上》教学设计

第四章　文本分析课：抓住文本特质，提升思维品质
　　——以《从百草园到三味书屋》的教学设计为例 ········ 63
　　附：《从百草园到三味书屋》文本分析课教学设计

第五章 "磨"出一堂纯粹的文本分析课

——以《昆明的雨》教学设计的打磨为例 …………… 79

附：《昆明的雨》教学设计

第六章 评价课：是什么？为什么？怎么做？

——对语文单元整合融通之评价课的认识与实践 ………… 97

附："准则决定选择"

——统编教材八年级上册第四单元评价课教学设计

第七章 八年级上册第三单元鉴赏课教学实践 …………… 118

附1：典雅之美：遣词造句的艺术

——《三峡》《答谢中书书》《与朱元思书》鉴赏课教学设计

附2：关于鉴赏课：由一个教学设计想到的

第八章 文学史课：对单元的结构化的宏观把握

——以八年级下册第六单元为例 …………………… 141

附：诗与思——统编教材八年级下册第六单元文学史课教学设计

第九章 训练课的实施 ……………………………………… 165

第十章 课本与课堂之外，能力与素养之中

——一堂综合实践课的设计 ………………………… 179

附：是父是子——"三苏祠博物馆"综合实践课教学设计

第十一章 学科阅读课：拓宽学科视野，深化学科理解 ………… 201

后记：关于课型的那些事 …………………………………… 221

绪论：语文的课型分类

——兼谈课型与培养语文素养的关系①

本文旨在说明语文的课型分类，并对语文素养跟各种课型的联系作出简明的解释。

一、七种语文课型的划分

关于课型分类，我在《文本解读与阅读教学讲谈》（华东师范大学出版社，2018）和《追求更高品质的阅读教学——中学语文名师课例深度剖析》（华东师范大学出版社，2020）两本书中已有初步论说，并将其总结为七种课型。这七种课型中，前五种是基于课本的单元教学课型，后两种则是不受限于课本单元的拓展性教学课型。如下表：

语文的七种课型

基础性语文课（依托于单元）	①预习课	在教师指导下的单元自主学习
	②文本分析课	分析单元内各篇课文，实现文意理解
	③评价鉴赏课	统整单元内各篇课文，作出鉴赏评价
	④文学史课	学习单元相关文学史知识，深化文学理解
	⑤训练课	本单元相关的知识与能力的训练

---

① 本文是罗晓晖发表在《中学语文教学参考》2022 年第 5 期和第 6 期的论文。经作者同意，用作本书的绪论。

续表

拓展性语文课（不受单元限制）	⑥综合实践课	综合运用语文知识与能力，解决情境中的问题
	⑦学科阅读课	阅读与语文学科相关的著作或文章，拓展学科视域，深化学科理解

这种课型分类通盘考虑到了语文教材的单元编写体例和学生的语文学习需要。任何一堂语文课，都必属于这些课型之一。但这不表示每种文体、每个单元的教学都必须把七种课型完整地实施。前五种课型依托于教材的单元，文学类文本单元通常需要有序、完整地执行全部五种课型，非文学类文本单元则只需要部分执行。例如，多数说明文通常不需要文本分析课和评价鉴赏课（文意理解不存在障碍，也较少有艺术技巧的使用），也不需要文学史课（非文学类文本跟文学史基本无关）。

后面两种课型是拓展性语文课型，但并非可有可无，因为仅仅依靠语文教材是无法学好语文的，统编教材也难以适应千差万别的学情。这两种课型在教学安排中具有机动性，可以配合单元教学来安排，也可根据教学需要相机行事。

预习课、训练课、综合实践课和学科阅读课相对容易理解，下面重点介绍文本分析课、评价鉴赏课和文学史课三种课型。

二、文本分析课

文本分析课的基本目标，是教会学生对文本作出有效的观察，并通过分析与综合，得出对文本的主题判断，实现对文本的理解。

文本分析所需要的主要能力是观察、分析与综合能力。文本分析课一般分为两个教学环节：观察，分析与综合。

(一)观察

在文本分析之初,先要对分析对象作出初步观察。这样的观察有赖于学生现有的语文认知水平,得出的是观察结论而非分析结论,是初步的理解而非最终的论断,但它是分析文本的重要基础。

对文本的观察,主要可有如下项目:

1. 话题

这里的话题,是指某个文本所关注的主题范围。这里面有由低到高的多个观察层级。

(1)粗浅的层级:能观察出文本的题材范围

比如能够看出,朱自清的《背影》,关注的是父子亲情;莫怀戚的《散步》,关注的是三代人之间的情感。

(2)准确的层级:能把某一文本与话题相关的类似文本联系起来,观察出该文本的话题独特性,精准定位文本话题

例如,观察朱自清的《背影》,会轻而易举地了解到它所关注的是亲情,然后联系到此前学过的莫怀戚的《散步》,它所关注的也是亲情,从而意识到此项观察无法揭示文本的独特性,进而看出《背影》所关注的乃是生死背景下的亲情表达,而《散步》所关注的其实是亲人之间爱与责任的生命伦理。

(3)深入的层级:能看出文本话题所触及的母题

例如观察鲁迅的《故乡》,不仅能够看出其话题是关于乡土中国的社会变迁,也能看出"离别""人性""失落"等分布或隐藏在这一话题的叙述进程中的母题元素。

以上三个层级是由低到高的。普通读者能够达到第一个层级,训练有素的读者能达到第二个层级,有思想和相关知识背景的读者能达到第三个层级。教学所下的功夫,主要在后面两个层级上。

2. 文体与行文风格

文体，是指独立成篇的文本的样式或模式，属于形式范畴。在我的理解中，文体并无僵化的面目，它主要是在表达方式和语言偏好的基础上形成的文本样貌。以叙述为基本表达方式的文本，属于小说、叙事性散文等叙事性文体；以议论、说明为基本表达方式的文本，属于介绍思想观念与各种知识的论说性文体；以描写、抒情为基本表达方式的文本，则大抵属于诗歌、抒情性散文等抒情性文体。文体是表达经验高度成熟的产物，是写作实践的历史积淀的结果。

对文体给出这样的理解，可以回避很多无聊的问题，譬如鲁迅的《社戏》和郑振铎的《猫》是小说还是散文——它们都是叙事性文体（不用强行界定为散文或小说）。

文体主要由表达方式决定，也跟语言偏好有关。例如，假如文本中偏爱以押韵的方式来处理语言，则该文本无论其内容是什么，文体特征都将往诗歌方向偏移。

行文风格跟作者的语言偏好有关。同样的文体，李白可能写得清新俊逸，杜甫则可能写得沉郁顿挫。这个道理很简单，毋庸多说。

面对一篇课文，要观察它采用的主要表达方式是什么，进而作出进一步观察——如果是叙事性文体，那就进一步看它叙述了什么事，叙述这样的事有何价值；如果是抒情性文体，那就进一步看它抒发了怎样的情感，这种情感是依托于怎样的情境来抒发。此外，顺便观察行文风格，看看文本中的措辞有何特色或倾向。

3. 难以理解、容易误解的部分

文本分析之初，应注意到文中哪些部分是比较费解的。学生须提出他们自己的困惑。这些费解的，甚至容易误解的部分，在文本分析时要特别关注。

（二）分析与综合

文本分析课所训练的能力涉及很多方面，主要包括理解（语义识别）、分析与综合（语义信息的联结和信息结构化）。分析与综合是重点。一般来说，文本分析会经历以下环节：

1. 整体框架把握

文本是一个自足自洽的意义表达系统，要把文本当作一个系统来处理。要在大致了解文本内容的基础上，基于对文本的宏观观察，大致确定文意走向，看出文本整体框架。

例如，初读鲁迅的《社戏》，要找出文中写看社戏的部分；由此立即看出文中还存在着看社戏之前和之后的两个部分。据此，在宏观层面可初步把文本划分为三个部分。至于这样的划分是否合理，还有待于进一步分析。初读郑振铎的《猫》，至少要看出它写了三只猫，从而初步划分文本为三个部分。这样划分的合理性还需要论证，但这个划分是必要的，有助于使分析获得初步的确定性。

2. 表意单元切分

接下来需要切分表意单元。文本中通常存在着多个表意单元，需要进行切分，才便于分析。切分本身也就是分析。

文本中所有内容都是为主题表达服务的，但不同的表意单元，在服务于主题时的表现功能有所区别。每个句子都在表意；表意关联度越高的句子，关系越紧密。根据表意关联度，可以分出不同层级的表意单元。例如郑振铎的《猫》，整体上看，可以根据三只猫分出三个表意单元，这是比较宏观的表意单元；而具体写某只猫的部分，则又存在更微观的若干表意层次，可以划分出更小的表意单元，例如写第三只猫的部分，存在着多个更小的表意单元，它们分别揭发了人性中的自私、偏见和愚妄，并表现了人反省的良知等。

这样的切分能帮助我们更细密地分析文意。

3. 表意单元之间的结构关系分析

拆分之后需要综合。分析各个表意单元之间的联结关系，是文本分析课的重点，也是难点，其能力指向是综合。这项分析是准确解析主题的关键步骤。

例如郑振铎的《猫》。仔细分析三只猫之间的结构关系，会发现作者对前两只猫所表现出来的态度趋同，都是喜爱和同情的；对第三只猫的态度则不同，起初是带着厌恶的。如此则发现前两只猫的部分，可合并为一个更大的表意单元，跟第三只猫的部分构成反向的对照。进一步分析作者喜爱前两只猫的原因，则可归纳出所谓喜爱不过是因为猫能取悦和满足我们的需要，人对猫的喜爱，实质不是爱而是赏玩。这与写第三只猫的部分存在着深刻的趋同——写第三只猫揭发了人的自私、偏见与愚妄，而赏玩的实质恰好就是自私。至此，文本全部内容的结构性关联显现出来，主题便呼之欲出了。

4. 主题结论概括

这个步骤是基于前面的分析步骤的总结。此时的关键不再是对文本表意的过程性分析，而是以合理的、恰如其分的措辞完成对主题结论的描述。

得出主题结论，文本分析便告完成了。此时已经实现了对文本所要表达的意思的理解。至于如何评价这个文本，则是评价鉴赏课的事情。

三、评价鉴赏课

评价鉴赏课分为评价课和鉴赏课二种。评价课着眼于对文本思想内容的评价，鉴赏课着眼于对文本艺术形式的评价。

文本分析课更多的是锻炼学生分析、综合语文信息的能力，评价鉴赏课则更多地致力于对文本所能提供的营养的吸收。通过评价课，吸取有益的观念，建构自己的思想；通过鉴赏课，观摩优美的形式，获得艺术的滋养。

文本分析只能单篇进行，评价鉴赏则宜统合单元各篇来实施。

通常地，文本分析课和评价鉴赏课，适合小说、诗歌、散文等文学类文本，以及部分带着思辨性和文艺性的非文学类文本。大部分非文学类文本不需要这两种课型。

（一）评价课

评价课的主要事项，按先后顺序简要描述如下。

1. 发现支撑主题的底层观念

这个环节是为评价能够走向深入提供可能性。

每个文本的主题，都是一个陈述或命题。这个陈述或命题，都关联着作者对世界、人生的基本理解。作者的世界观、人生观、价值观，是支撑主题的基石，是文本主题的底层意义或底层观念。

在评价课中，探究与发现支撑文本主题的底层意义或底层观念，是深入文本作出评价的重要步骤。在教学中的操作，有两个方面需要注意。第一，探究文本的底层观念，发现支撑单元内各文本的主题的世界观、人生观、价值观，往往需要哲学、伦理学、心理学、人类学的相关知识，这些知识可以帮助我们确定文本主题的依托在何处。第二，分析单元内各文本的主题及关联母题，发现教学的拓展点。一个文本有其主题，但文本中往往还存在更丰富的母题元素。例如在《祝福》中，在主题之外，明显地还存在着生死、轮回、无常、自卑、超越等母题元素。这些元素是可能具备讨论价值的，是评价活动的生长点。

2. 陈述学生的自我认知

这个环节是为了确保评价课具备学习价值。

在上述环节的基础上，要引导学生发表他自己对相关话题的立场或观点。此时学生的立场或观点，大多属于基于现有认知的看法，也不排除对文本观念的影响的部分接受。

3. 澄清文本主题所依托的事实与逻辑

这个环节是有理有据地作出评价的基础。

梳理支持文本主题的事实，理解文本自身的表意逻辑。叙事性文本，包括对文本中事件的典型性的理解，也包括对其局限性或不完整性的澄清；包括对作者流露在文本中的观点、态度的提取，也包括对作者可能存在的认知偏差的分析。论述性文本，则应注重对文本的论证逻辑的梳理、论证所依据的理由与论据的可靠性的辨析。

这个环节非常重要。对于学生而言，这是一个吸收思想营养、修正自我认知、促进理性精神、锻造思维品质的过程。

4. 认同、反驳或修正

这个环节是得出论断，自主建构思想。

基于上述环节，学生可自主提出对文本主题的看法。在这一环节，学生的主要任务是进一步明确自己的立场与观点，并给出论证。对于文本中的立场、观点，可以认同，可以反对，也可以提出新的看法，但须力求言之成理、言之有据。

这是一个具有开放性的环节，任何学生都可以提出自己的观点，教师应引导和帮助学生完善他们对自己的观点的论证。每一种观点都有义务自证其说，并接受他人的质疑与反驳。

5. 展示新的认知结论及其解释效力

这个环节是让学生展现其新的认知并运用它来解释更多的事物或现象。

经由上述环节，每个学生都通过辨析形成了自己的观点。为了验证观点的正确性，此时需要运用自己的观点去解释文本之外的、世界与人生中的更多现象，以此评估自己的观点是否具有充分的解释效力。解释力越强、解释面越宽的观点，合理性越高。

（二）鉴赏课

鉴赏课有以下主要事项：

1. 艺术性评估

鉴赏的对象是文本的艺术形式。对于文本艺术性的评估，主要分为以下项目：

（1）语言的修辞特色

语言的修辞特色，包括消极修辞和积极修辞两个方面。修辞的分析，初级层面是对手法的辨认及手法效果的分析，中级层面是对语言陌生化和修辞手法的精准性与创造性的分析，高级层面是对以语言修辞为基础的表达风格的分析。

（2）构思的独特性

一个艺术文本的艺术水平在很大程度上取决于它的构思水平。思想的穿透力、题材与视角的独特性、文体驾驭能力即对体裁的个性化处理水平，是评估的重点。

2. 横向的评估

这部分包括两个方面。一是单元内的篇目的相互比较，一是类似文本（类似的题材、体裁、主题等）的拓展比较。通过比较，对各个文本的艺术特色进行分析，并尝试分出高下。这是鉴赏的高级层面，需要有真实的鉴赏力。

3. 审美判断和审美创造

在完成上述环节之后，可根据情况，提出两种形式的学习任务。一是撰写审美判断意见书，让学生阐述自己对这些文本的鉴赏观点。一是进行借鉴性的片段写作，让学生借鉴文本中他们认为精彩的部分进行写作，获取审美创造体验。

四、文学史课

文学史课的价值是确定单元内各文本的文学史意义，深化对文学以及文学作为文化的组成部分的理解。

文学史课是以单元为单位进行的。文学史课通常是独立安设的。假如评价鉴赏课需要相关的文学史知识，那么文学史课的内容可以合并到评价鉴赏课中，在此情况下文学史课即可取消，因为相关教学任务已经被评价鉴赏课解决。

（一）知识获得

对单元涉及的文学史知识、文化常识进行学习。这些知识需要教师的介绍。

不宜在文本分析之前介绍关于作家、作品的文学史知识。"因文知人"是我主张的方式。"因文知人"之所以是合理的，是因为"文如其人"——"文"包含着作者的体验、思想、态度和情感，表达着作者的生命气息。由于文本分析课和评价鉴赏课已经完成，学生对单元内各文本已有充分的了解，此时可引导学生根据对各个文本的思想与表达的观察与分析，来体会、推断相关作者是一个怎样的人。

（二）文学理解

可以简单地根据文本和作者的时代，确定该文本在文学史上的时间位置。

但时间位置并不代表该文本所拥有的文学史地位。有的文本属于某作家的代表作，则在该作家的创作史中具有特别的地位，如曹禺的《雷雨》；有的文本属于影响文学史的作品，则应理解并阐释该文本在文学史上的历史地位，如屈原的《离骚》、司马迁的《史记》、汉末叙事诗《孔雀东南飞》、曹雪芹的《红楼梦》、鲁迅的《呐喊》。

通常地,具备文学史价值独特性的文本并不太多。无论一个单元内各文本的文学史地位如何,都需要对其文学史价值的有无、大小作出必要的评估。评估的取向是多元的。比如,假如一个单元中编列有《醉翁亭记》《岳阳楼记》《滕王阁序》《阿房宫赋》《赤壁赋》等文本,则可以从思想流变、文体演变、个性表达等方面,对这些文本的文学史价值分别作出判断。这样的活动能够深化学生对文学的理解。

(三)文化理解

文学是文化的重要组成部分,文学文本具有丰富的文化内涵。

语文学习是母语学习,文学史主要是指中国文学史。文学史课要关注文本在中国文化背景下的文化价值,关注文学与哲学、美学、历史、社会的关系,并通过对这些关系的理解,更深刻地理解文学,理解文学文本的文化意义。

中国文学有其自身的特色和历史,同时也是世界文学的组成部分。理解中国文学作品,尤其是现当代中国文学作品,还可适度关注世界文学史同时期的状况。这种关注有可能带来更多的文化理解和文化自信,也有可能带来更多的反思,从而触发更多的创造性思考。

五、预习课等其他几种课型

除上文所论课型之外,还有预习课和训练课,综合实践课和学科阅读课。预习课和训练课,是在单元教学中实施的;综合实践课和学科阅读课,则是单元教学之外的拓展性课型。

预习课是按单元来实施的。在单元教学之初,须安排课时让学生在教师指导下自主学习整个单元的内容。教师的主要任务是指点方法和监督学习。教师指导学生勾画圈点,做批注,做笔记,查阅资料,并监督学生完成这些事项。

训练课分为课时训练和单元综合训练，课时训练配合每节课的学习目标，单元综合训练则配合单元学习目标。

综合实践课是让学生借助语文知识、利用语文能力去解决问题的实践活动课程，这种实践活动诸如写春联、做演讲、写书评影评、为团队活动写方案等。

学科阅读课是为了让学生提升语文素养而设置的语文阅读课程，可以安排学生阅读涉及语文各分支领域如文字学、训诂学、文学、文学史、文学评论、美学等的相关文章或著作，也可阅读表达特色鲜明的一些社会科学著作。

六、课型与语文素养的培养

教学需要规范，没有教学规范就没有教学质量。提供新的规范，显然就是创新。语文教学课型分类提出新的规范，这就是语文教学的创新。

分出不同的课型，按不同课型的相关规范实施单元教学，不同课型的学习任务各有区别，彼此配合，就形成了不同任务相互关联、有序推进的"学习任务群"。这有助于有序落实对学生语文素养的培养。这样的课型是结构化的，优于"大概念"的提法。在我看来，"大概念"是个含糊的概念，因为所有的"大"与"小"都是相对的，"大"的标准很难确定。我认为应该讲"概念"和"观念统整下的概念群"。"观念统整下的概念群"这个概念是必要的，其必要性在于它能帮助我们更多地关注概念之间的联系，促成知识的结构化，并让我们看到"有思想的知识"。

把"核心素养"的提法改为"学科素养"，我认为是恰当的。"语言建构与运用""思维发展与提升""审美鉴赏与创造""文化传承与理解"四项，完全覆盖了语文学科方方面面的内容，彻底排除了"非核心"存在的空间，使得"核心"（或"关键"）的提法不再具备任何意义。这四项实际上是相互融入、很难分割的，这种分类也难以看出孰轻孰重、孰主孰次，但它能提供诠释的方便，所以予以尊重。

学科教学要促进学科素养的形成，而学科素养的基础是学科的知识与能力。在七种课型中，前五种课型属于基础性学习，聚焦于学科知识与能力，以教材单元为教学材料构建，这是语文学习的基础部分和核心部分。后两种课型属于拓展性学习，以教材之外的内容为教学材料，学习材料可能涉及跨学科的内容尤其是艺术、哲学和历史，但目的是促进语文学科素养的形成。我划分七种课型，是以学科知识分类与学科能力培养路径为立足点，着眼于学习内容的差异，按照循序渐进的认知规律，塑造（重塑）课堂教学框架，使得语文学科素养的培养有路径可循。

下面对这四项素养与七种课型的联系，给出简要的说明。

（一）语言建构与运用

预习课、鉴赏课、训练课、学科阅读课、综合实践课，都涉及语言的建构与运用。

预习课包括对文本的原初阅读体验，包括对语言基础知识的学习。鉴赏课中有对语言的品味，对语言表达的审美分析。训练课中有对语言知识的理解和语言实际运用的操练。学科阅读课要求学生阅读更多的语文类文本，帮助学生接触更丰富的语言材料，理解更多样化的语言表达经验，获得更多的语言知识。综合实践课涉及各种情境下的语言运用实践。上述课型都不可避免地触及对语言材料的理解、梳理、积累、加工、借用、转化，都能促进学生建构与运用语言的能力。

（二）思维发展与提升

文本分析课、评价课、文学史课、写作训练课（训练课中的一种）、学科阅读课，是发展与提升思维的主要课型。

思维中最基本的方式是分析与综合，它贯穿于以上全部课型。不同课型所聚焦的思维发展，表现出来的特征有所不同。文本分析课的要点是语义与结构：语言符号的语义识别（意义是底层结构），重在分析能力；文本信息结构化，重在综合能力。评价课的要点是判断与论证：任何合理的判断都需要证据与理由，需要理性，需要逻辑能力。文学史课的要点是文学理解：要把握作品跟作者、读者与世界的关系，需要给出系统性的分析；对文学、文学观念的理解，需要辨析的能力。写作训练课的要点是语言操作与意义理解：运用写作的符号系统（形象化符号或意象符号），需要抽象的思维（现象中抽象出观念）和赋形的思维（使观念获得形象载体）；处理文本结构，需要对主体性符号与功能性符号加以组合和布局的系统统筹思维；思想资源的利用，需要理解和转化思想材料的能力。学科阅读课的要点是视野的拓展：阅读语言知识类文本和文学评论，能让学生看到习焉不察的规则和规律，深化学科理解；阅读文学文本和与语文相关联的跨学科文本，则能因视野的扩大而刺激思维的发展。

（三）审美鉴赏与创造

鉴赏课、写作训练课、学科阅读课、综合实践课，是涉及审美鉴赏与创造的主要课型。

鉴赏课，主要是技法与效果的鉴赏。训练课（写作训练课），主要是表达的审美化。学科阅读课，主要是培养鉴别格调与品位的能力。综合实践课，主要涉及审美观念的运用与审美经验的理解。

美是因符合人的天性或习性而引发的认同性感受。这种天性或习性越是在陌生的情境下被认出而生成认同感，美感效应越大。鉴赏课是理解美的基础，学科阅读课是扩展对美的认知的关键，写作训练课、综合实践课，则可以获得对美的直观体验。

（四）文化传承与理解

评价鉴赏课、文学史课，是关系到文化传承与理解的主要课型。

一切学科都属于人类文化。所有语文课型都在传承和理解（中国）文化。语文学科的文化传承与理解，应主要在思想文化观念的理解上下功夫，所以文化传承与理解的任务，应主要由评价鉴赏课、文学史课来担负。

评价鉴赏课的要点是挖掘与转化：挖掘并理解文本主题背后的哲学、伦理观念，以及文本表达方式背后的语言观和文学观；思考这些观念如何为我所用。文学史课的要点是比较与透视：对不同文学文本加以联系和比较，探索文本与时代的联系，理解文本所传达的观念，从而理解文学的文化意义。

文学史课与历史相关，评价鉴赏课和综合实践课则与历史、美学、哲学等更多学科相关，这三种课型都涉及语文之外的别的学科领域，是语文学科中的跨学科学习。语文课中的跨学科学习依然致力于语文的目标，虽然涉及别的学科的知识，本质上仍然是语文学习。

七、不是结论的小结

语文课型的划分，最初的意图是避免把语文课上成缺乏章法的大杂烩，解决语文课堂上什么都在讲、什么都未突破的问题。依托于教材的单元教学的五种课型，是统筹考虑、突出重点、有序实施的。预习课是让学生在教师指导下完成整个单元的自主学习，学生自主体验文本，主动发现疑难，这是文本分析课的基础。文本分析课的任务是学习解读方法，实现文意理解，这是评价鉴赏课的基础。单元内各篇课文的阅读理解和评价鉴赏均已完成，这是文学史课中对各篇所涉的作家、作品进行介绍、评论的基础。训练课则是知识过手与能力养成，也是对课堂学习效果的检测评估。这样的课型划分次第分明，能使每堂课的教学目标集中，教学任务纯化，更有机会收获教学效益。

综合实践课和学科阅读课，是语文学习在课本之外的延伸和拓展。事实上，当前语文课本中已有一些综合实践活动的安排，只不过还不充分，需要根据不同的学情、结合学生生活实际加以补充和强化。学科阅读课是为语文学科的学习利益而设置的阅读课型，有别于当下流行的整本书阅读的地方是，是不是整本书并不重要，重要的是阅读材料和阅读任务必须跟语文有足够显明的联系，必须充分凸显语文学习的学科特点。

这种课型分类基于对语文学科属性、学习认知规律、学习任务和教学效益的认识，不同于既有的各种课型分类方式。这种分类是符合学理的，不少教师已在教学实践中采用这样的分类来实施教学并获得良好反馈，我们准备更大面积地推广基于课型分类的教学。我相信这能切实推动语文学科素养的培养，革新现有的语文教学模式，有助于语文学科的建设。

第一章　素读文本的五个角度

——以石磊老师《秋词》的教学设计为例

一、素读的价值所在

我们从小就被老师告知，"春风又绿江南岸"中的"绿"字用得好，因为比起"过""到"等动词，它不仅写出了春天的色彩，更写出了作者王安石看到春天到来时轻松愉快的心情。我们也常常津津乐道于贾岛"僧敲月下门"和"僧推月下门"这个关于"推敲"的典故，正如朱光潜先生在《咬文嚼字》中评价："在文字上推敲，骨子里实在是在思想情感上推敲。"其实，语文的阅读教学，尤其需要教师在备课环节对文本进行反复推敲。这种推敲，只能是执教者对文本的直面，不可能经由其他途径。我们把教师直面文本进行的自主阅读，称为"素读"。

"素"的本义是"本色的生帛"，"素读"也就是"本色的阅读"，这种阅读，不借助文本之外的其他任何资料。对于素读一词，罗晓晖老师和我的《文本解读与阅读教学讲谈》一书中是这样定义的：教师不依赖任何外在资料对课文（或别的文本）展开的阅读。[①] 素读的要点在"素"，提倡的是教师不借助工具书和参考资料，直

---

① 罗晓晖，冯胜兰. 文本解读与阅读教学讲谈［M］. 上海：华东师范大学出版社，2018：6.

接面对文本，依靠自己的分析能力，对文本进行解读。

根据最近几年的听课观察，很多教材中的经典古诗词，教师在讲授过一两轮后，常常陷入"读一读、讲一讲、背一背"的教学套路之中。"读一读"和"背一背"常常交由学生自主完成，而最能体现教师主导作用的"讲一讲"，在课堂上却常常成了"翻译全诗"的代名词。当教师带领学生翻译结束，弄懂了这首诗的大致意思后，似乎也就无甚可讲了。造成这种局面的原因，是教师缺少真正的自主阅读，缺少靠自己的独立钻研发现这首诗"可讲之处"的过程，而不是这首诗真的"无甚可讲"。

我们认为，教师的素读，能够帮助教师获得真实的阅读体验、真切的审美感受和独立的价值判断。对于教材文本的素读，教师可以围绕以下几个角度进行：

①学科角度：读出该文本涉及的语文知识与能力。

②学生角度：读出学生可能的未知以及可能存在的疑惑。

③教学角度：读出该文本在阅读教学中可能运用到的引导方法。

④教育角度：读出该文本所显示的人类智慧，读出文本所涉及的情感、态度和价值观。

⑤素养角度：读出该文本在语言、思维、审美、文化四个维度的显著特征。[①]

《秋词》是统编教材七年级上册"课外古诗词诵读"中的一首诗。由于被放在附录中，很多老师对这首诗的处理极为简单——背

---

① 罗晓晖，冯胜兰. 文本解读与阅读教学讲谈［M］. 上海：华东师范大学出版社，2018：6－7.

诵、默写。其实，如果能够从上述五个角度对该诗进行素读，教师有可能在备课过程中发现很多有价值的东西。下面以石磊老师对《秋词》这首诗的教学设计为例，谈谈素读在备课过程中的具体运用。

二、学科角度

语文作为一门学科，有着自己的知识系统和能力系统。对于《秋词》这首诗而言，它可以教给学生什么语文知识、培养学生怎样的语文能力呢？

从学科知识的角度来看，对于刚进入中学阶段的七年级学生来讲，这首诗的学习，是获得古典诗歌中"意象"这一重要的概念知识的契机。那么，要如何在设计中循序渐进地让学生接受这个学科知识呢？

刚刚进入中学阶段的学生，对意象这个概念还比较陌生。所以，教师需要首先介绍或巩固学生关于意象的知识。意象，就是表意之象，就是包含人的思想感情的自然景物，中国古典诗歌中经常会使用意象来含蓄地表情达意。而诗人对于意象的选择，一定和其想要表达的思想感情有着密切的关系。

接下来，复习旧知——在本册第一单元《古代诗歌四首》的学习中，有一首著名的《天净沙·秋思》，学生从中接触到了"枯藤老树昏鸦，小桥流水人家，古道西风瘦马"这一组密集铺陈的意象。教师可以引导学生再次关注这首曲中意象的堆叠，尤其关注这些意象性名词前作为修饰语的形容词的特点。在作者笔下，"藤"为何是"枯萎的"而不是"长青的"，"树"为何是"苍老的"而不是"青翠的"，"鸦"为何是"黄昏时的"而不是"黎明时的"？因为它们都有共同的特征——残败、颓废和苍凉，这是羁旅漂泊的作者此时心情（情感）的投射。复习《天净沙·秋思》中的意象，目的是为接下来确定《秋词》中的意象做准备。

先以"下定义"的方式了解意象，再通过复习旧知识加深对意象的理解，最后到新的情景中去运用——辨识出新的意象，符合初中生概念学习的一般规律。接下来，学生就可以寻找出《秋词》写景的句子当中作者选用的意象，就有机会发现作者选用了"鹤"这一意象。这也为后面分析"鹤"这个意象的内涵的教学环节做好铺垫。

至于学科能力，本诗主要是教给学生精细分析诗歌的能力，这一点后文将详细论述。

三、学生角度

备课，既要备教材，也要备学情。就古典诗歌的阅读而言，初中学生对一些关键字词的理解很难做到精准，常常是囫囵吞枣而不自知，这里稍加举例。

对于学生早已耳熟能详的一些诗词，我曾经做过以下追问：

《望庐山瀑布》中"日照香炉生紫烟"一句，李白为何要说看到的是"紫色的烟"而不是白色的或其他颜色的烟？

《虞美人》中，李煜为何要用"一江春水向东流"而不用"一江夏水"或者"一江秋水"来比喻自己的愁？

《滁州西涧》中，"野渡无人舟自横"的"横"，是我们常见的"横竖"的"横"的意思吗？它和作者韦应物此时的心态有何关系？

诸如此类，学生几乎很难回答上来。正如黑格尔所说，"熟知并非真知"，学生自认为熟悉程度很高，读懂了这些诗词，但其实对其中字词的妙用缺乏思考，他们对这些字词背后要表达的深层含义的理解，仍然停留在浅尝辄止的层面。

在和石磊老师一起准备《秋词》教学的过程中，我也对七年级的一些学生做过调查，我们有这样一段对话：

师："晴空一鹤排云上"中到底是一只鹤还是一排鹤？

生（绝大多数、很坚定地）：一排。

师：原因是什么？

生：诗句里明明白白就写着"一排鹤"。

师：哪里写着"一排鹤"？

生（毋庸置疑状）："一鹤排"就是"一排鹤"的倒装啊。

其实，稍微有点文言常识的学生都应知晓，根本不可能存在这种倒装的语法形式，若是倒装，后面的"云"将无着落；而且，文言表达习惯中，量词一般都会被省略，如《口技》中"一桌、一椅、一扇、一抚尺而已"，其中桌子、椅子、扇子、抚尺都是指代单个的数量"一"，"一鹤"是"一只鹤"，毋庸置疑。学生这样粗疏的理解，存在着两重误读：没有读出"鹤"其实只有一只，这是一重误读；而且还将"排"误认为是量词，这是另一重误读。根据学生认识的误区，我们意识到这个句子恰好是文本解读的障碍，于是在教学设计中考虑了要带领学生重点分析此句，读懂这一句的真正含义。

四、教学角度

学生对"晴空一鹤排云上"的误读，成为这首诗文本分析教学的起点，也成为本节课教学设计中的重要教学内容。接下来的教学设计，也就顺理成章地围绕"晴空一鹤排云上"此句中的关键字词展开分析。如何引导学生分析关键字词，需要斟酌教学的方式和方法，务使恰当且有效。这就再次涉及对学情的预判。

在这里，最适合现阶段学生的教学引导方法，就是"替换词语法"。对学情的把握，最关键的是把握住学生的知识背景和对教师提问可能做出的反应。对于"晴空一鹤排云上"这个短短的七言句，学生要实现完整、准确的理解并不容易，于是石老师设计了两次词语的替换比较，以求学生对诗意的饱满理解。

①设置问题：诗歌第三句，作者写"晴空一鹤排云上"，请问作者为何不写"百鹤""千鹤"，而非要选用"一鹤"来作为意象呢？

②请找出本句中描写鹤的两个动词（排，上）。

追问：这句诗中的"排"能否改为"飞"字？"上"字能否改为"间"字？为什么？

通过第一次比较，学生很容易发现诗人强调"一"，是想突出这里只有一只鹤，而不是他们此前理解的这里有一排鹤。为何只写一只？这是因为高远的境界常常只是一个人的理想而不是一群人的理想，奔赴理想的过程常常只能是孤独的。唯有一只，方能显得与众不同，表现出所追求的意趣的高远。

通过第二次比较，学生更能体会这只鹤要冲上云霄之不易，因为需要排开厚重的云层，冲破重重的阻力，绝非轻而易举、轻松自在地闲游在云间。

应该注意的是，这两次"词语替换"的比较并不是这个环节的最终目的，最终目的是用这种方法分析出诗人借助这一只鹤的意象要表达的情感——特立独行、卓尔不群的独特气质以及奋力上进的豪迈与乐观。此环节中得出的这个结论，呼应了前面在介绍意象的知识时所做的铺垫——"诗人对于意象的选择，一定和其想要表达的思想感情有着密切关系"。

五、教育角度

教育的角度，就是要读出文本传递的情感、态度和价值观，据此确定该文本的文化价值和育人功能，并力图在教学设计中有所体现。

从文化的层面来讲，鹤很早就被认为是有德行的禽鸟。"鹤鸣于九皋，声闻于天"，就是以鹤喻君子。贾岛《宿山寺》中写到"绝顶人来少，高松鹤不群"，表现了鹤的清高脱俗和卓尔不群。同时，鹤能够在广袤的空间中飞翔，常常被用来比喻志向高远。古人多用翩翩然有君子之风的白鹤，比喻具有高尚品德的贤能之士，把修身洁行而有时誉的人称为"鹤鸣之士"。高洁之士以鹤为伴，林逋号称"梅妻鹤子"，也是为了显示自己爱好的清奇。

在教学中，尤其应该引导学生注意的是，刘禹锡并不是在自己人生一帆风顺的情境下用鹤的意象来标榜自己。本诗的题目和开头都表明，这是秋天，"自古悲寂寥"的秋天。其实，这里的秋天，既是自然界的秋天，也可谓刘禹锡人生境遇的"秋天"——他正处于肃杀、凄凉的政治环境之中。学生对于这个背景本身是不了解的，石磊老师设计了在对整个诗歌文本的分析结束之后，在"背景介绍"环节补充"知人论世"的相关资料，用这种方式来加深学生对刘禹锡所处时代背景的了解。

公元805年，唐顺宗即位，任用王叔文改革朝政，刘禹锡也参加了这场革新运动。但革新遭到各方势力的强烈反对，以失败而告终。参与革新的刘禹锡被贬到朗州，时年34岁。《秋词》这首诗就是诗人被贬为朗州司马时所作。

这个材料的补充，是想告知学生：此时的刘禹锡正处于人生的低谷，在这样的环境中，一般人极其容易对前途迷惘，对现实失望，也就是如诗中所写"自古逢秋悲寂寥"——在秋天只感到萧条寂寥、死气沉沉。相反，诗人在这样的背景之下，却能化身为鹤，要满怀诗情，排云而上。"穷且益坚，不坠青云之志"，这份与众不同的不畏逆境、积极进取的豪迈与乐观，实在难能可贵。这正是用本诗对学生进行情感、态度与价值观教育的一个切入点。自古以来，有多少英雄豪杰，正是在困境和逆境中持守自己的理想和追求，不因挫折而消沉，才能走出更广阔的一方天地。

六、素养角度

语文素养是一个复杂的概念。归其大要，按《义务教育语文课程标准》的提法，可分为语言运用、思维能力、审美创造、文化自信四个维度。①

此前所述的几个方面，实际上均可笼括到如上四个维度中，因而此处只需要作简要说明。这里有两点需要强调或澄清：

首先，前面所讲的内容都可以归结为语文核心素养的四个维度，那么，我们谈"素养角度"的意义在何处呢？就在于能更清晰地划分出素养培育的层次。在语言和思维层面，我们能看出这首诗语言浅近而用意高远的特点，看出刘禹锡的求异性思维特点，以及这种思维特点在剑走偏锋、拓展新意方面的功能。在审美和文化层面，我们能看出因其思维的逆向操作、情感意绪的昂扬奋发而显现出来的"豪"的特点，这背后折射出来的正是一种面对世界与人生局面的态度与价值取向。

其次，素养本身是综合的，虽然可以作为认识对象加以分类分析，但作为实际的存在状态却是一个不可分割的整体。这也提示我们，理解文学文本的时候要有联系与综合的意识，分析此须得顾及彼。在关注诗歌语言的时候，需要理解它是文本的依托，本身就是思维的外在表现、审美的基础载体和文化意识的投射。

习惯于用素养的概念来审视文本的教学价值，对我们理解语文学科的综合性，很有裨益，同时也有助于我们理解若干教法、学法的真实含义。譬如涵泳——为什么文学文本尤其是诗歌需要涵泳？涵泳是在对文本所有局部的意义都有了正确的分析和确凿的理解之后的整体性回味——这跟初读文本时的整体性感知有显著区别。很明显，作为一种"反刍"，也作为把文本与生命经验联系起来的尝试，涵泳是文本走向生命自身、内化为素养的极其重要的方式。反

---

① 中华人民共和国教育部. 义务教育语文课程标准（2022年版）[M]. 北京：北京师范大学出版社，2022：4—5.

观我们的教学，则不难看出诗歌教学常常是粗率的，基本不曾在涵泳上下过功夫。

七、素读：通往阅读教学自在之境

基于对《秋词》短短 28 字的素读，石磊老师独立设计出一个有新意的教学方案。整个过程，通过素读发现最有价值的问题，通过素读确定教学的重点和难点，通过素读选取恰当的教学方式，通过素读引领学生学科素养的综合提升。这样的教学预设，是教学成功的重要保障。这样的预设，也是教师通往阅读教学自在境界的必经之路。尽管这个设计作为文本分析课还不十分典型，但本文的意图不是讨论课型，而是说明素读对于教师备课的意义。无论什么课型，备课阶段的教师素读，都具有不可替代的价值。

教师与其把很多时间花费在对教学技巧、教学形式的琢磨上，不如老老实实去研读文本，发现真正有价值的教学内容。"绘事后素"，"素"是底子，"绘"是形式；素读是底子，教学方法是形式。通过素读抓住有价值的教学内容，底子是好的，是对的，才谈得上教学形式的问题。

附：

人生如秋莫寂寥，豪情满怀到碧霄
——刘禹锡《秋词（其一）》教学设计
◨ 成都高新大源学校　石　磊

>>> 学习目标

理解意象内涵，分析关键字词，体会诗人情感

>>> 学习过程

一、"愁"字说文解字导入

师：今天这首诗，我们要从一个字说起。（PPT上打出"愁"字）大家观察这个字的结构，上面是一个"秋"字，下面是一个"心"字。古往今来，秋天的萧条肃杀似乎总能引起人们内心的愁苦之情。自宋玉留下"悲哉，秋之为气也"的名句后，悲，就成了秋的一种色彩，一种情绪；愁，也就成了心上的秋了。而本诗作者刘禹锡却另辟蹊径，针对秋天表达了自己不同的见解。接下来，就让我们一同走进诗歌去了解一下吧。

【设计意图】

　　巧解"愁"字，激发学生兴趣；引用宋玉名句，追根溯源"秋"之情绪。

二、诵读：读准字音，把握节奏

师： 古人云"三分诗，七分读"，同学们，让我们一起由"读"开始这首诗的学习之旅吧。读的时候，注意读准字音，读出节奏。

（生齐读诗歌，注意"朝"[zhāo]字的读音）

> 【设计意图】
> 朗读是诗歌教学的重要内容与方法，"诗言情，读达意"，在诗歌教学中，利用朗读可帮助学生理解诗意，营造良好学习气氛。

三、初步理解：了解句意，梳理关系

（一）大意复述

师： 古人说"识字通经"，意思是先要识字，才能打通文章的经脉，通晓意思。读诗同样如此。要把每一个句子的意思弄懂，才能搞清楚句与句之间的逻辑关系。同学们在预习课的时候已经结合注释，基本了解了每一句诗的意思。下面的任务是复述诗意。（准备2分钟）

（支架与提示：不能随意说，请结合注释自主串译本诗）

（二）句意串联

[PPT出示语句：自古逢秋悲寂寥，我（　　　）言秋日胜春朝。（　　　）晴空一鹤排云上，便引诗情到碧霄。]

师： 我们来做一个小测验，如果让你在括号内填写一个表示句间关系的词语，你会填什么？为什么要这样填？（2分钟）

预设：

1. 我（却）言，作者一反古人逢秋悲寂寥的常情，提出了自己新的见解，秋天是远胜过春天的，前后是形成对比关系的。

2. 我为什么会觉得秋日胜过春天呢？（因为）"晴空一鹤排云上"的景色比春天还能激励和鼓舞人的精神。（2分钟）

师总结：读诗，不仅要读懂每一句话，更重要的是读懂句与句之间在语义上的逻辑联系。

> 【设计意图】
> 　　填空小练习，意在厘清诗句之间的内在关系。此处主要是为了用"却"突出诗人的特立独行，为下文分析白鹤意象张本。

四、深入理解：理解意象，分析词语

（一）对意象的分析

师：我们常说，"一切景语皆情语"。也就是说，要想了解诗人在诗中所表达的思想感情，一个重要途径就是去看诗人笔下写了怎样的景。接下来，我们就围绕诗中写景的这两句"晴空一鹤排云上，便引诗情到碧霄"（PPT出示"晴空一鹤排云上，便引诗情到碧霄"），分别从理解意象和分析字词这两个角度来品味。

师（**联系旧知**）：在第一单元的诗词学习中，我们接触到了"意象"这个概念。何谓意象？意象就是"表意之象"，是包含作者思想感情的自然景物，中国古典诗歌经常会使用意象来含蓄地表情达意。而意象的选择也并非随意为之，其背后往往和作者要表达的思想情感有着密切的联系，最典型的例子当属我们学过的《天净沙·秋思》。

（学生齐背）

师：曲的开头，马致远为何选用"枯藤老树昏鸦"这一组意象？（PPT出示《天净沙·秋思》）

预设：

因为它们都有共同的特征——残败、颓废和苍凉，这是作者此时心情（情感）的投射。

回过头来，在这句诗当中，作者也选用了一种自然景物作为意象，是什么呢？——鹤。作者为何不选择鹰、雁等动物，而非要选用鹤来作为意象呢？要解决这个问题，我们就要先了解一下鹤这个意象背后的意义。

（PPT出示贾岛的《宿山寺》中"绝顶人来少，高松鹤不群"一句）

师： 根据这句诗中的"不群"（不群：和别人不一样）二字，你们来猜一猜鹤这个意象通常用来表现什么？——特立独行，清高脱俗。那《秋词》的作者刘禹锡在诗中是否也想借鹤来表达自己的特立独行、清高脱俗呢？请同学们结合诗中相关语句来分析一下。

预设： "自古逢秋悲寂寥，我言秋日胜春朝。"自古以来，人们总会因为秋天的冷清萧条而感到悲伤，而"我"刘禹锡却觉得秋天是胜过春天的。"自古""我言"形成鲜明对比，更能突出作者的不拘一格，特立独行。

师提示： 为何作者不用"百鹤""千鹤"而用"一鹤"呢？因为"一"表示数量少，更能体现作者的不拘一格，特立独行。

总结： 从上面的分析可以看出，意象并非随意用之，而是作者的慎重选择，修饰意象的词语（如刚才分析的数词"一"）更是来自作者的斟酌推敲，这往往和作者想要表达的思想感情有着密切的关系。

师： 刘禹锡在这首诗中除了想表现自己的特立独行和与众不同以外，还想表现什么呢？接下来，我们来看第三句，请找出本句中描写鹤的两个动词（排，上）。

师追问： 这句诗中的"排"字能否改为"飞"字？"上"字能

否改为"间"字？为什么？（PPT出示）

（学生独立思考，小组交流，回答）

预设："排"，推开，"上"，冲上，这两个字极具力量感，写出了白鹤奋力扇开云雾，冲上云霄，有一种冲破阻碍、昂扬奋进的精神。如果换为"飞"和"间"这两个字，则更多地体现白鹤飞翔时的轻盈和悠闲，没有了一飞冲天的力量与豪气。

（二）意象理解的练习

学以致用，完成下列练习。

绝　句

石懋①

来时万缕弄轻黄②，去日飞毬③满路旁。

我比杨花更飘荡，杨花只是一春忙。

【注】①石懋（mào）：宋朝人，一生远离故土，辗转仕途，曾任密州教授。②轻黄：淡黄。③飞毬：杨树籽。

1. 诗歌首句中的"万缕"能否改成"一缕"？为什么？请结合诗句分析。

2. 本诗和李白的《闻王昌龄左迁龙标遥有此寄》均使用了杨花这一意象，试比较二者的不同之处。

【设计意图】

　　意象是诗歌教学的重难点，此处的"温故知新"，便是从学科角度进行素读的成果；"一鹤"等于"一排白鹤"乃是学生惯有的误读，此处的厘清，便是从学生角度进行素读的成果。而"学以致用"环节所选择的诗歌，意在适时检验刚才所学。

五、主题总结：理解情怀，背景印证

师：根据前面的分析，我们可以总结出主题——作者在诗中表达了特立独行的气质及昂扬豪迈的精神气概。

那么，这是否意味着作者这时正处于"春风得意马蹄疾"的人生坦途呢？接下来，补充一段背景材料，请大家了解。

（PPT出示背景材料）

公元805年，唐顺宗即位，任用王叔文改革朝政，刘禹锡也参加了这场革新运动。但革新遭到各方势力的强烈反对，以失败而告终。参与革新的刘禹锡被贬到朗州，时年34岁。《秋词》这首诗就是诗人被贬为朗州司马时所作。

师：由材料可知，此时的刘禹锡正处于人生和事业的低谷，但他并没有和大多数人一样，因为自己的遭遇而看到一片萧条凄凉。相反，他化身一只白鹤，誓要排云而上，冲破秋天的肃杀氛围。写作背景让我们更加理解到刘禹锡虽处逆境却能特立独行、昂扬豪迈的难能可贵，值得我们学习。

接下来，让我们一起再来朗读一遍这首诗歌，读出那种豪迈之情。

【设计意图】

背景材料的提供，是在文本分析之后的印证和补充，是从教育角度进行素读的成果。

六、结束语

通过这首诗的学习，我们能看到：面对自己人生中寂寥的秋天，诗人丝毫没有悲哀、怅惘，反而把诗情引向碧蓝的天空，表现出豪迈乐观的心境、不与世俗为伍的卓尔不群，真令人叹服！学完这首诗，希望我们也能像诗人一样，乐观向上，笑对生活中的挫折，像那只鹤一样一飞冲天。

【设计意图】
　　总结全诗主旨，渗透人生观教育。

第二章 预习课：凡事预则立

教会学生预习是提高语文课堂效率的重要前提。"凡事预则立"，每年的开学季，是在起始年级实施语文预习课的最好时机。本章的主要内容是：预习课在单元整体教学背景下的价值和意义；预习课的实施要点和主要步骤。最后以棕北中学张楠老师七年级上册二单元的预习课教学设计为例，给出一个直观的展示。

一、预习课的价值和意义

在《追求更高品质的阅读教学——中学语文名师课例深度剖析》一书中，我们把语文课型分为七种：①预习课，②文本分析课，③评价鉴赏课，④文学史课，⑤训练课，⑥综合实践课，⑦学科阅读课。[①]

这七种课型中的前五种，都是基于单元的编排体例并根据学生的认知发展顺序来设置的。也就是说，预习课居于单元教学的五种课型之首。为何把预习课放在如此重要的位置，理由大致有如下几点。

（一）有助于培养良好的自主学习能力

《义务教育语文课程标准（2022年版）》提出："义务教育语文

[①] 罗晓晖，冯胜兰. 追求更高品质的阅读教学——中学语文名师课例深度剖析[M]. 上海：华东师范大学出版社，2020：4—5.

课程实施从学生语文生活实际出发,创设丰富多样的学习情境,设计富有挑战性的学习任务,激发学生的好奇心、想象力、求知欲,促进学生自主、合作、探究学习;引导学生注重积累,勤于思考,乐于实践,勇于探索,养成良好的学习习惯。"对于"自主、合作、探究"这三种学习方式,后两种想必大家并不陌生,尤其是"小组合作探究"一词,可谓风靡一时。但对于什么是自主学习,尤其是语文的自主学习,却历来界定不一。

建构主义学习理论认为,自主学习不是由教师直接告诉学生应如何去解决问题,而是由教师向学生提供解决该问题的有关线索,学生在教师的指导下进行自主探索。

华东师范大学庞维国教授曾将自主学习概括为:建立在自我意识发展基础上的"能学",建立在学生具有内在学习动机基础上的"想学",建立在学生掌握了一定的学习策略基础上的"会学",建立在意志努力基础上的"坚持学"。[①] 学生要有效地进行自主学习,必须具备一定的学习品格——自主学习的意识、自主学习的方法、自主学习的能力和自主学习的习惯。以学习策略总结和提炼为主的自主学习能力培养是其中最需要引起关注和着力探索的。

在此基础上,我对语文学科自主学习的理解是:通过教师的科学指导,围绕教师确定的学习目标,学生自主选择学习方法,自我监控学习过程,逐步养成自主评价学习结果的能力的过程。下面,具体结合预习课来谈谈自主学习的价值和意义。

预习课的学习目标,可以简单归纳为"基本熟悉文本,掌握文本中的生字词,自主拓展了解课文相关的语法、修辞等关于语言的

---

① 庞维国. 自主学习——学与教的原理和策略[M]. 上海:华东师范大学出版社,2003.

知识"。要达成这个目标的方式众多，传统的做法往往是两个极端——要么完全由教师包办，以教师对以上内容的讲解代替学生的自我探究；要么完全交由学生去完成，教师不提具体要求，也不进行相应检查。我们在此特别强调的是"在教师科学指导下的学生自主完成"。

在掌握生字词方面，教师的科学指导更多的是教给学生如何运用工具书扫清字词障碍。学习现代文有相应的工具书，比如《现代汉语词典》《成语词典》等；学习文言文也有相应的工具书，比如《古汉语常用字字典》。这些工具书都应该由教师推介给学生，并简要示范如何使用。做到了这一点后，教师就应该"得体地消失"，把剩下的事情交给学生去自主完成，而绝不要代替学生去查阅、翻检、批注。这是因为教材只是例子——对于现代文而言，这些文本中只有非常有限的生字词，而学生在漫长的语文学习和阅读中，要遇到的生字词远远不止课本中的这些；而且基本的字音、字形、字义之类的问题，其实完全可以让学生自己去面对和解决，学生也具备这种能力。同样地，在文言文的学习中，文言字词等基础的语言知识，也必须强调让学生主动查阅、自主过手，否则当他们独立面对陌生的文言文文本时，就很可能在文字障碍前手足无措，遑论对文章内容的理解与分析了。

在熟悉文本方面，教师的科学指导主要体现为三个方面：①告知学生用不同的符号进行圈点批注（如运用波浪线勾画文中精彩的句子）；②指导学生运用一定的方式梳理文章结构（如传统的分层次和时下兴起的绘制文本结构图等）；③鼓励学生大胆提出自己的思考和困惑（如对于语言表达、文章内容、课后习题等的困惑）。做到以上三点，教师的任务基本就完成了，接下来应充分把时间留给学生去阅读、感受和思考文本。这是因为，只有让学生独立、直接地面对文本,而不是借助其他参考资料或者被教师先入为主地带进文本当中,学生才能获得对文本第一手的阅读体验,才能真实地发现自己在阅读中的困惑,才会进一步产生学习的内在动机。

比如,在一次学生自主阅读统编教材八年级下册附录中的古典诗歌《送友人》时,一位学生提出,教材上"孤蓬万里征"的"蓬"是否版本有误,应该写作"篷"?理由是他们在本册第一单元的《社戏》一课中读到了"白篷船""乌篷船"等词语,发现"篷"和"船"的意义联系紧密,有时候"篷"甚至可直接翻译成"船"的意思,比如志南和尚《绝句》中便有"古木阴中系短篷"的诗句。由此可推,这里的"孤蓬"应是"孤舟"的意思。再结合这句诗中的后面三个字"万里征",可见这句话的意思是"一叶孤舟即将远征万里之外",以此突出友人孤身远行的凄然之境。于是,学生在预习当中将这个问题记录下来,期待教师能够在课堂上进行一番解释。完全可以想象,带着这样的疑惑和解答期待的学生,在课堂上的学习动机将是多么强烈,这就是前文庞维国教授在解释自主学习时提到的"想学"。

积极主动学习、有主见,是自主学习的核心与本质。预习课的终极目标是培养学生的自主学习习惯和提升自主学习能力,最终提升语文能力和语文素养。

(二)有利于对单元选文形成整体印象

预习课以单元为单位,进行整体预习,这跟课本的编排是高度吻合的。整体预习,有助于学生对整个单元形成整体印象,有利于后续教学。

现行统编教材的单元设置遵循"双线组元"原则,也就是兼顾人文主题、语文要素两条线索。在每个单元的"单元导读"中,基本上都会提示这个单元入选的文章类型。

比如，九年级上册第二单元的单元提示谈到"本单元所选的都是议论性文章"，但这几篇文章中所谈论的内容不同，阐述观点的方式也各不相同，文章的语言风格也大相径庭。《敬业与乐业》是一篇演讲词，主旨鲜明，层次清晰，课文是典型的"总—分—总"式结构。文章在论证上的最大特点是大量引用经典、格言。在语言上，充分体现了口语和演讲的巧妙结合。《就英法联军远征中国致巴特勒上尉的信》是书信体，用反讽的语言，态度鲜明地愤怒谴责英法联军的强盗行为，谴责英法联军毁灭世界奇迹圆明园的罪行。《论教养》充分运用了举例论证和对比论证，透过众多"有教养"及"无教养"的现象，对众多事例进行了比较、分析，探究"真正的教养"和"优雅风度"的本质，自然而然地得出结论。《精神的三间小屋》是一篇集议论、描写、抒情于一体的说理性散文，通过对精神的三间小屋的描写、议论、抒情，表现了关注个性、关注自我、关注人的精神生活的思想。

又如，九年级上册第六单元的单元提示提到，该单元的课文都是从明清时期的经典长篇小说中节选的精彩片段，但这几篇古典小说在刻画人物形象上却各有千秋：有的善于运用多种描写手段，如《智取生辰纲》中对吴用的描写；有的善于抓住细节来描写人物，如《范进中举》中对范进听闻中举后的细节刻画；有的善于运用对比手法来展示人物，如《刘姥姥进大观园》中雅与俗、庄与谐的对比。

再如八年级下册第三单元，选入了《桃花源记》《小石潭记》《核舟记》三篇记，从题目看来，它们都属记这一类文体，但细分起来，它们有的记事，有的记游，有的状物，同中明显有异。

这样的选文安排，体现了编者对于学生集中学习某一类文章的充分考虑。如果在预习时将一组议论文、一组明清小说、三篇记的预习放在一起，有利于学生在接触课文之初，就对议论文、小说、记等各类文体形成整体印象，并对这一类文章中每一篇的特质形成初步的感性认识，为后续的文本分析课和评价鉴赏课打好基础。

（三）有利于对单元整体知识形成系统认识

在我们的课型分类中，预习课的全称是"预习与语言基础知识学习课"。也就是说，它的内容包括但不仅限于学生自读课文，对于课文中的生字词、语法、修辞等语言基础知识的学习也是预习课的应有之义。这在文言文单元的教学中体现得尤为明显。

以文言词语中最常见的一词多义现象为例。某个特定的词，在一个文言句子或者一篇文言短文中，往往受这个词出现频率的限制，很难体现其多义，因而无法对这些知识点获得系统的认知。但如果在预习时把范围扩大到一个单元的几篇文言文当中，那么便能找到更多的典型例句，便于让学生较为全面地接触到这个词语在现阶段常见的多种意义和用法。

以八年级下册第三单元为例，该单元选入了《桃花源记》《小石潭记》《核舟记》三篇文言文，在这三篇文言文中都多次出现"为"字的不同用法。经过梳理可以发现，"为"大致有以下一些用法：①动词，"作为"，比如"武陵人捕鱼为业""全石以为底"；②动词，"形成"，比如"为坻，为屿，为嵁，为岩"；③动词，"有"，比如"通计一舟，为人五"；④万能动词，"做（某事）"，比如"为宫室、器皿、人物""盖简桃核修狭者为之"；⑤判断词，"是"，比如"中轩敞者为舱""中峨冠而多髯者为东坡"；⑥介词，"对，向"，比如"一一为具言所闻"。

虚词的多种用法的掌握，也需要从多文本中提供的不同例子中来观察。比如在八年级下册第六单元中，有《庄子》二则、《礼记》二则、《马说》五篇文言文，如果要比较系统地了解"而"字的用法，这五篇文章中各自分布有一些典型的案例，综合起来便可形成一组案例。比如《北冥有鱼》中"怒而飞"的"而"表示"修饰",《庄子与惠子游于濠梁之上》中"既已知吾知之而问我"的"而"表示"转折",《大道之行也》中"是故谋闭而不兴"的"而"表示"并列",《马说》中"执策而临之"的"而"表示"承接"或"修饰",可谓较为全面地呈现了中学阶段"而"字的多种用法。通过这个单元的集中预习,有利于对此知识形成初步的系统认知。

预习的具体内容包括对课文的熟悉,对课文中生字的读音、字形及生词的意思的掌握。至于学生用怎样的学习方法去熟悉文本、掌握形音义,教师应该在预习之初有所指导,定好规矩,提出要求。比如让学生在阅读文本之前标注好段落序号;提醒学生关注课本中的注释,结合注释开展预习;如果遇到不懂的字词注释里却没有,就要去查字典、词典;教会学生阅读时勾画圈点做批注;让学生提出并记录下有待解决的各种问题;等等。

当然,预习的方式多种多样,每个人的学习方式也不尽相同,是默读还是朗读的效果好,是泛读还是精读的效率高,这需要学生自己在摸索中去感受并调整。这也就是自主学习中所谓的"自主评价学习结果的能力"。

二、预习课的实施要点

(一)以单元为单位,整合完成

根据 SOLO 分类理论的实践分析,13—15 岁的初中生正处于概括型具体思运发展阶段,从初中生思维发展层级与认知心理结构的准备来看,单元教学是相对比较适合在初中学段进行实验探索的。"一百多年来,单元教学虽然仅仅停留于教科书的编写探索中,但也逐渐形成了'N→1'的课程形态,即从一组多篇不同类型的文章中学习一项核心知识或关键能力。"①

从一个单元内部的整合来看，预习课实现的是文本预习与语言基础知识学习，涉及多项知识学习与自主探索习惯的整合，这是语文能力培养最关键的基础。预习课是单元整体教学的第一步，它对于后面几种课型的实施做了重要铺垫。比如，预习课当中，学生对文本的前期理解，是后续进行文本分析的基础；学生对于基础知识的积累，是本单元训练课开展的基础。

（二）以教室为主阵地，当堂完成

预习课既然是课，那就意味着必须在课堂上发生，必须在教室中发生。当今学生的学业负担繁重，尤其是课后作业量之大，让原本应该放到课前完成的预习变成一件不现实的事情。如果把预习作为课外作业布置给学生，很可能的结果便是"理想很丰满，现实很骨感"。学生很可能把这个既没有具体要求，教师也不会花多少时间和精力来检查的"作业"直接省略。要改变这样的局面，教师应该利用好课堂的时间，把对于新课的预习安排在课堂上进行，让学生在教师的监督之下完成。

（三）以带领学生上手为目的，先"有为"再"无为"

预习课最终要达到的状态是教师的"清静无为"，也就是教师在课堂上只做必要的指导和答疑，不再多讲，把绝大部分的时间留给学生自己做、自己学。

教师不能指望学生一开始便能进入这样自觉的状态。在预习课课型实施之初，绝大部分学生并不知道预习什么、怎么预习，如果教师不提具体要求，做出明确的指引，学生的预习很难高效达成。

---

① 赵宁宁，张秋玲.专题：语文课程形态的学段思考［J］.语文教学通讯·B刊，2021（7）：4－11.

所以，上好预习课需要循序渐进，教师首先要做的是带领学生上手。教师要传授给学生预习的方法，诸如学生应该怎样去勾画圈点、怎样利用工具书、怎样做批注、怎样对文本做出初步的观察、怎样提出有价值的问题等。同时，还要鼓励学生在预习的最后阶段做一做教材后面的"思考探究"和"积累拓展"练习，这是检验学生的预习是否过手的重要标志。

当学生熟知了预习的方法、熟悉了预习的要求后，教师就可以在预习课中"无为而治"了，这时候千万要控制住讲的欲望。因为如果学生没有进行先期学习，根本不熟悉甚至不了解课文内容，教师讲了学生也未必有什么收获；反过来，如果学生已经在教师的监督下进行了充分的自学，教师还在一个个字、一个个词、一个个句地讲这些学生已经知道的东西，学生会觉得索然寡味。

（四）不同类型的文章有不同的预习课课时安排

在一个单元中，怎么安排预习课课时？这应以全部学生都能完成预习任务为原则。这需要根据这个单元入选文章的类型、文本长度和理解难度、学生所处的年级等不同情况，具体问题具体分析。自读课文和讲读课文、现代文和文言文的预习课时安排，当然应有不同。有的单元，譬如有长篇文言文的单元，文本难度高，知识内容较为复杂，安排四五个课时预习，也是完全可以的。有些实用类的现代文单元，文本阅读障碍不大，花上一两个课时预习也许就可以了。

（五）要避免"先入为主"的教师导读

当前，单元整体教学吸引了越来越多的语文同行关注，也因此产生了"单元导读课"这一说法。很多老师认为，单元导读课必不可少，它对学生一个单元的课文学习发挥着提纲挈领的作用。它既可以让学生了解单元课文的总体情况，对本单元的学习内容产生兴趣，还可以让学生在初步的感知与粗浅的认知中，明确本单元的学习方法、策略及将要达到的最终目标，并能对自己下一阶段的学习做出判断、预估、规划。

应该说，为了增强学生的语文学习兴趣，这个单元导读课的初衷是很好的。但在实际操作中我们发现，很多教师在这堂课上的主要做法是为学生讲解教材的单元导语，尤其是讲解教师自己对于本单元几篇文章的内容概括和学习重难点。这样的做法，用简单粗暴的方式为一篇篇文章贴标签、下结论，极大地打消了学生自主学习课文的积极性，又让语文学习回到了机械学习或被动学习的老路上。事实上，如果学生不曾先期进入文本，导读基本上就是无的放矢。如此看来，预习课确实是必不可少的。

三、预习课的主要步骤

下面简要谈谈预习课实施的一种模式——"四读六步法"。

（一）第一步：标注段落序号

教师给学生明确提出标注的要求是快速完成、不漏段。

（二）第二步：初读

这一遍的阅读不涉及对文意的深入理解，主要任务是"熟悉课文、勾画字词"，为下一步的再读扫清障碍。教师在学生阅读开始前要做三件事。

1. 限定阅读速度。不限定阅读速度，不利于课堂教学的管理。阅读速度跟文本难度有关，阅读文言文慢，现代文快。现代文通常要求阅读速度达到每分钟400—500字，比如一篇3000字左右的文章，应该在7—8分钟之内读完。阅读文言文则不宜过于匆忙，应允许较低的速度；但也不宜无限制，以能大致了解文意为准。

2. 教会学生利用工具书查阅自己不认识或者不理解的词。对于初中生而言，这主要体现在对《现代汉语词典》和《古汉语常用字字典》的使用上。尤其是后者，因为小学阶段学生接触到的文言文有限，甚至很多学生并没有准备这本工具书，所以教师应该让学生进入初中伊始就准备好这本书，并在首次预习文言文时教会学生如何查阅，重点是根据上下文确定某个字的读音和义项。

3. 告知学生要勾画的字词不是越多越好、漫无边际，而是有一定的标准的，让学生"有的放矢"，主要勾画：①从字形上考虑：生僻字、生难字、同音形近字、同音异形字。②从字音上考虑：边音鼻音、前后鼻韵、平翘舌、多音字、四川话与普通话读音差异大的字词等。③四字成语。④其他自己不认识的字。在学生阅读和勾画的过程中，教师应关注学生的阅读速度，适时加以提醒、调节。

（三）第三步：再读

这一遍阅读是在对文本已经初步熟悉的基础上进行，所以将目标确定为"筛选信息"并做好圈点勾画。教师应该在学生阅读开始前告知对哪些信息加以勾画，比如记叙文单元，学生可以将"六要素"作为圈点勾画的基本信息，圈画出文中表示人物、时间、地点的词语。如果涉及到较为复杂的人物关系，教师要提醒学生在预习作业本上用思维导图的方式来梳理人物关系，以求一目了然。

（四）第四步：三读

这一步不需要学生再逐字逐句地阅读全文，可以采用跳读的方式进行，主要目标是"明内容、理结构"。教师在第一次指导时，应该给学生示范如何理清文章的结构，比如先将每一段段落大意进行概括，再将可合并的意义单元整合起来，最后使用结构图的方式绘制出文本的结构。在学生初步掌握了这种方法后，再让学生自己尝试梳理、绘制，教师在巡视的过程中加以指导。

（五）第五步：四读

这一步的主要任务是"做批注"。教师要教会学生批注什么，怎么批注。

以记叙文为例，批注的内容和方式主要是：

1. 在描写处简单批注：这里是环境描写还是人物描写？是用的一种描写方法还是多角度刻画？

2. 在情节处简单概括：这个部分主要写了什么？用主谓短语或动宾短语的方式加以概括。

3. 勾画文中的抒情议论句，目的是便于理解作者情感，把握文章主旨。

4. 凡有心得或疑惑，都用简明的文字批注在正文旁或预习记录本上。学生阅读过程中若对文本某处有疑问，则应标记出来；若对文本某处有特别的感受、体会、启发，则应记录下来。

（六）第六步：完成后续任务

这一步的主要目标有两个：一是对照课前的"预习提示"和课

后的"思考探究""积累拓展",思考问题的答案,尝试写出答案要点;二是整理自己在整个预习中的存疑之处,做好记录,做好在后续的文本分析课上提问的准备。教师可以硬性要求学生完成一些比较基础的题目,对于有难度的题目,则根据学生的水平选择性完成。

附

统编教材七年级上册第二单元现代文预习课教学设计

■ 成都市棕北中学　张　楠

▶▶▶ 预习内容

《秋天的怀念》《散步》《散文诗二首》三篇课文整合进行

▶▶▶ 预习准备

1. 两支不同颜色的笔（其中一支最好是荧光笔）
2. 一个预习本
3. 一本工具书（《现代汉语词典》）

▶▶▶ 预习要求

高度集中注意力

▶▶▶ 课时安排

1—2课时

▶▶▶ 预习环节及内容、要求

序号	环节名称	环节目标	具体要求	教师活动	学生活动
1	标段	准确标注、不漏段	标注每篇文章的段落序号，在1分钟内完成。	计时、核对段落数量。	快速完成标注。
2	初读	为下一步的再读扫清障碍	勾画重点为：①从字形上考虑：生僻字、生难字、同音形近字、同音异形字；②从字音上考虑：边音鼻音、前后鼻韵、平翘舌、多音字、四川话与普通话读音差异大的字词；③四字成语；④其他自己不认识的字。默读要求为：不出声，不动唇，不指读，不回看，一气读完全文。勾画要求为：全程握笔，中途不换笔。	①提出学生阅读速度的要求为每分钟400－500字；②提醒学生利用工具书查阅自己不认识或者不理解的字词；③告知学生应重点勾画的字词的标准。	①准备好工具书；②快速、专注默读；③根据老师提出的标准进行勾画。
3	再读	筛选信息并做好圈点勾画	勾画重点为：①交代时间、地点、人物等要素的词语；②学会用思维导图等方式梳理人物关系。	①在学生阅读开始前告知应该对哪些信息加以勾画；②如涉及较为复杂的人物关系，教师提醒学生在预习作业本上用思维导图的方式进行梳理；③阅读结束后，选取优秀的思维导图进行分享展示。	①跳读文本，学会根据勾画重点进行选择性阅读；②学会使用不同符号圈点勾画相关词语；③尝试用思维导图绘制出人物关系。

续表

序号	环节名称	环节目标	具体要求	教师活动	学生活动
4	三读	明内容、理结构	通过绘制文本结构图，梳理文章结构。	①在第一次指导时，应给学生示范如何理清文章的结构；②在学生初步掌握了这种方法后，教师在巡视的过程中加以个别指导；③阅读结束后，选取优秀的结构图进行分享展示。	①概括段落大意；②合并意义单元；③尝试用结构图的方式梳理出每一篇文章的文本结构。
5	四读	初步理解文章内容	对文本局部进行透彻的理解或是深度思考。	①在学生开始阅读之前，教师应该告知学生批注什么，怎么批注；②在批注过程中进行个别指导；③批注结束后，选取优秀的批注进行分享展示。	①精读，选择部分段落，捕捉细腻的感受；②运用教师交给的批注方式自主批注。
6	完成后续任务	积极思考，提出疑问	①思考问题的答案；②提出自己的疑惑。	①教师可硬性要求学生完成一些比较基础的题目；②对于有难度的题目，则根据学生的水平选择性完成；③鼓励学生提出自己的问题；④收集汇总学生有价值的问题，为文本分析课的备课做准备。	①对照预习提示、思考探究和积累拓展思考问题的答案，可以尝试写出答案要点；②提出自己的疑问，记录下来；③欣赏好词佳句，写出鉴赏心得。

第三章　文本分析课的一次教学实践及反思

——以古典诗歌《使至塞上》的教学为例

2017年10月底,我参加了成都市初中语文骨干教师培训。根据培训要求,我在成都市盐道街中学借班上课,执教统编教材八年级上册第三单元的《使至塞上》。在准备这堂课的过程中,通过和罗晓晖老师的探讨,我将此课的课型确定为:古典诗歌文本分析课。在授课完成后反思整个准备的过程,感受良多,记录在此。

一、讲什么:语文的姓名叫"语文"

语文的姓名叫"语文",语文学科是依托于语言的,阅读教学需要落实到语言的理解层面,需要真实地落实在文本的具体分析中。这是作为一名语文教师的首要考虑。在本次备课中,我将此课课型确定为"古典诗歌文本分析课",并以《使至塞上》一诗作为示例,还基于以下两个重要原因:

(一)学生在诗歌文本理解的能力上表现出明显的不足

通过对近年成都中考B卷诗歌鉴赏题得分的分析,我发现学生这道题的得分常年低于2分(满分4分)。从初中语文统编教材篇目来看,古诗词数量达80篇左右(因教材逐年修订,古诗词篇目略有增删）。日常教学中，老师们在这方面耗时甚多，却收效甚微，很大一个原因是指导不得法。

《义务教育语文课程标准（2022年版）》指出："重视古代诗文的诵读积累，感受文学作品语言、形象、情感等方面的独特魅力和思想内涵，提升审美能力和审美品位；鼓励学生在口头交流和书面创作中，运用多样的形式呈现作品，发挥自己的创造性；引导学生成长为主动的阅读者、积极的分享者和有创意的表达者。"[①] 在古诗词阅读教学上常见的问题主要是两类：一是教师把"感受文学作品语言、形象、情感等方面的独特魅力和思想内涵"理解为不加分析的"体验""感悟"——如让学生用自己的生活体验去结合文本内容，或者用文本内容来联系自己的生活体验；或者把语文课上得"以情动人"、很感性。其实，钻研文本肯定离不开理性的分析。二是热衷于教给学生一些所谓古诗理解的"流程""套路""方法"，如"看题目""释大意""看背景"等。但这些所谓的方法往往是对解读结论的展示，课堂教学其实是教师在知晓解读结论的前提下，带领学生验证结论正确性的过程，而不是师生共同钻研、发现结论的实践过程。

（二）罗晓晖老师近年来致力于文本解读方法的研究，在此领域颇有建树

在跟随罗老师学习文本解读方法的过程中，我也经历了从惊讶到质疑，从部分听取到充分认可的漫长过程。2017年底，罗老师出版专著《方法与案例：语文经典篇目文本解读》一书，书中对中学语文教材中一系列经典文本进行了细致的解读。在正式出版前，我

---

① 中华人民共和国教育部. 义务教育语文课程标准（2022年版）[M]. 北京：北京师范大学出版社，2022：28.

阅读该书样稿后的感受是——其解读结果振聋发聩、让人信服，其解读过程注重理性、逻辑。如果能够在教学实践中，将该书得出解读结论的过程通过恰当的教学设计示范给学生，长此以往，学生将逐渐掌握一套依循理性去读懂文章的方法。

"学而时习之，不亦说乎"的意思是：学习了知识然后在恰当的时机运用这个知识，这是很快乐的。对于学习者而言，学习最大的乐趣常常在于把学到的知识和方法运用到实践当中，并在实践后看到自己发生了真实的进步。因此，我决定以此次公开课为契机，选择一首古诗，探寻用恰当的教学方法，去还原解读古诗的过程，与学生一起探索读懂古诗的方法。

基于以上原因，我找出七、八年级的统编教材，在和罗老师充分讨论之后，最终选取了八年级上册第三单元的古诗《使至塞上》，以此示范古典诗歌文本解读的方法；并以同样的方法，通过《钱塘湖春行》的自读，来检验学生课堂上学习这种方法的效果。

二、怎么讲：教学姓"学"而非"教"

当"讲什么"不再是问题的时候，"怎么讲"就成了最大的问题。纵然手中握有罗老师文本解读的宝典，但那毕竟是文本解读的专著，而非可以直接用来给学生授课的教学设计。教师的教学，不能满足于自己读懂，更不是教听课的老师读懂，而是要"教学生"读懂。

46年前，叶圣陶先生在《为了达到不需要教》一文中如是说："我想，教任何功课，最终目的都在于达到不需要教。"深受这个观念的启发，我决定要尽可能尊重学情来设置教学环节。

反复细读这首诗歌的四联40个字，在反复推敲"欲""候""征"等字词的准确含义后，我一直纠结的是，教学设计如何找到一个"拎得起"整堂课的关键点。

我带着苛刻的眼光审视自己之前设计的主问题:"这首诗描绘了怎样的边塞风光"固然可以引导学生品析颈联"大漠孤烟直,长河落日圆"这个写景名句,但这种品析是孤立的,因为学生难以借此对全诗结构建立起整体的认识。"这首诗表现了作者怎样的思想情感"固然是一个好问题,几乎适用于所有诗歌文本的教学,但这个问题过于宏大和抽象,作者要表达的情感一定需要某种载体来体现,不能脱离文本去谈情感,否则整个结论就是空中楼阁。在反复否定和不断深入研读文本后,几天后的一个深夜,教学《使至塞上》的主问题"我从_____看出,这是一次_____的出塞"终于从我的脑际蹦了出来。那一刻,罗老师那些写在专著上的、早被我读得滚瓜烂熟的解读结论都渐渐内化于我的心中,我开始觉得胸有成竹!而后,我开始琢磨教学设计的其他环节,比如导入,我设计了"寻找学生熟悉的对偶句中意思相对的词语"的活动,让他们关注诗句间的内在联系。

一波刚平,一波又起。好不容易找到了主问题,在授课现场时,却不断出现突发状况——这和主问题是一个开放性的问题直接相关。

我没有预想到所借的整个班级的学生思维如此活跃,整堂课回答问题的人数和频率都远超预期,他们所给出的答案自然也就"百花齐放";我也没有预想到一抛出"我从_____看出,这是一次_____的出塞"这个主问题,第一个起来回答的学生就直奔名句"大漠孤烟直,长河落日圆"的赏析而去。我没有想到当我让一个女生用自己的语言描述心目中"大漠孤烟直,长河落日圆"这个句子的画面时,她却站在讲台上迟迟说不出一个字(课后该班语文老师悄悄告诉我,我抽到的这个女孩是全班最"自闭"的孩子)。好在当时我看到她迟迟不发言，马上决定让她在黑板上画出她心中的这幅图，女孩很快展露了她高超的绘画功底，寥寥几笔就勾勒出一幅"大漠落日图"，可谓这节课的意外惊喜。我没想到学生会提出"大漠孤烟直，长河落日圆"这幅画面中为什么没有人的问题；那个瞬间我想到了他们曾经学过的《湖心亭看雪》中的"天与云与山与水，上下一白"这个语句，正好可以类比"人在阔大的山水背景中方觉出自身的渺小"。我更没有想到，在"拓展迁移"环节，当学生学会了寻找诗歌文本的内部联系后，通过自学，不到5分钟就解读出了《钱塘湖春行》中所描绘的春天的特征——这是一个"行动的、充满活力的春天"！

课堂就像一盒巧克力，它的魅力就在于你永远不知道下一颗是什么味道。现场授课给了我不少需要临机处理问题的挑战，也给了我很多预设之外的惊喜！

"乱花渐欲迷人眼"的语文教学历来备受诟病。很多时候，语文教师成了语文课堂的"狩猎者"，在教学设计中给学生挖许多的"陷阱"，待到"捕获"学生之后，再"塞"给他们一些套路和结论。这样做的结果是，看上去每位学生都掌握了这些套路和理论，但当他们单枪匹马地面对考试时，只能选择"英勇就义"了。课堂需要我们走近学生，设身处地分析学情，揣摩他们思维路径的阻塞处，并寻求疏通阻塞的方法。

三、在"上课"中学会上课——实践出真知

本课是我最早的关于课型分类中文本分析课的实践。这是一次尚觉粗浅的实践，还有诸多有待完善的地方，例如在文本信息结构化方面，引导学生理解的方式、方法还需进一步斟酌，还可以寻找更为灵活的处理方式；在学情的把握上，还需要教师多下功夫，多

预设一些应对的方案，否则很可能现场"翻车"。但我相信，只要迈出了第一步，在教学中不断去发现新问题、解决新问题，这样的课型实践就会越来越成熟。"没有光的黑暗永远比不上没有路的恐慌"，教学技术的问题都容易解决，关键还是方向。只要方向正确，我们迟早会抵达目的地。

附：

《使至塞上》教学设计

▶▶▶ 学习目标
通过准确提取语义信息，使文本语义信息结构化，学习读懂诗歌

▶▶▶ 学习重点
梳理诗歌内部的语义响应关系

▶▶▶ 学习难点
认知"表达含蓄"的特点

▶▶▶ 学习过程

一、对对子，找联系

（一）教师背诵以下学生学过的古典诗歌中的上句，学生补充下句

1. 《静夜思》："举头望明月，＿＿＿＿＿＿＿＿"
2. 《次北固山下》："海日生残夜，＿＿＿＿＿＿＿＿"
3. 《游山西村》："山重水复疑无路，＿＿＿＿＿＿＿＿"

（二）寻找以上对偶句中意思相对的多组词语（如"举头"和"低头"、"残夜"和"旧年"等）之间的语义关联

示例："举头"和"低头"属于反向相关；"残夜"和"旧年"属于正向相关。

【设计意图】

导入环节的作用之一，通常是"课前热身""温故知新"，而本课导入环节"对对子"的设计，立意并不止于此。诵读后简析学生熟知的这些诗句，意在引导学生"寻找诗歌上下句之间的语义关联"。比如，"举头""低头"属于反向相关，"举头""低头"之间，表现的是从望眼欲穿到低回沉思的情绪流转。这个环节是为本课教学重点"梳理诗歌内部的语义响应关系"所做的铺垫。

二、解题目，抓信息

（一）解题

使：出使。至：到。

（二）设问

从题目中可以得到哪些信息？

【设计意图】

"题目是文章的眼睛"，也是窥视诗歌内容的基础视角。诗题"使至塞上"富含诸多信息，比如，出使的地点——塞上，很容易将读者的情感心理引向人烟稀少、战事频繁的边塞，容易引出"为何要出使""出使时看到、听到、想到了什么"等一系列问题。这个环节，旨在告知学生：关注题目，从题目与诗歌

正文的关联角度出发，有助于我们快速、初步地把握诗歌的行文思路、思想内容、感情基调，这是较快切入文本、理解文本的重要方法之一。

三、读文本，知大意

（一）第一次读：读正字音

（二）第二次读：读准节奏

（三）第三次读：读出情感

（四）朗读小结，教师引导

要想读出情感，还得浸入文本，透过诗句，对诗人隐藏在诗歌中的思想情感有更深入的理解，也就是要真正读懂诗歌。接下来我们就探讨如何读懂一首诗。

【设计意图】

这个环节的主要功能，在于达成"初步感知"。很多人夸大了朗读的作用，认为"书读百遍，其义自见"。其实，如果缺乏对语义信息的系统分析，只靠读是无法实现对文本的理解的。在这个环节，对于一首古典诗，很容易做到前面两步——读正字音、读准节奏。然而学生很快就能发现：通过朗读实现对诗歌情感的把握，十分困难。这个环节意在让学生体会到：诗歌首先要读，但接下来必须有细密的分析，那就是准确提取语义信息，使整个文本的语义信息结构化，也就自然推进到本课的下一环节。

四、整体感知，解诗意

（一）小组讨论，完成填空

这是一次＿＿＿＿＿＿＿＿（状态描述）的出使，

我是从＿＿＿＿＿＿＿＿（事实描述）看出来的。（教师板书）

（二）小组代表发言，教师板书提取学生答案中合理的部分

【设计意图】

这是一个"拎得起整堂课"的问题，也是一个开放性的问题。它鼓励学生大胆发现，"怎样的出使"可以有多种多样的答案，只要言之有理，言之有据即可。这个主问题的后一个空格，其实质是引导学生务必依据文本内的事实去寻找第一空的结论，意在凸显语文的学科理性。只有通过理性的分析，才能寻找到有说服力的结论。

五、抓关键词，分析语义关联，完成对主问题的探讨

教师提示：一个文本中，文本的主题，决定了文本内语义信息存在着关联；决定着词与词之间、句子与句子之间，语义信息存在着一定的语义响应。阅读理解一个文本，要充分注意并仔细分析语义之间的响应关系。

（一）这是一次（孤单、漂泊无依）的出使（借此机会讲解首联、颔联）

1. 直接指向"孤单"的词语："单车"与"征蓬"的正向呼应。

2. 间接指向"孤单"的词语："征"与"归"、"出"与"入"的反向响应。

（二）这是一次（苍凉、落寞）的出使（借此机会讲解颈联）

1. "大"与"长"：景物特征上的响应——突出空间的空旷。

2. "直"与"圆"：景物形状上的响应——强化视觉对比，突出景象的单调。

3. "孤"与"落"：情感上的响应——对景物的感觉，折射内心的落寞感伤。

（三）这是一次（不见尽头）的出使（借此机会讲解尾联）

孤单尚未结束，荒凉的景象尚未结束，飘零无归的感受还将持续。

【设计意图】

我们常常说"词不离句，句不离篇"，实际上就是要把对词句的理解置于一个结构框架之中来进行。也就是说，不能对某一词语、某一句子孤立地作出解释，必须着眼于语境中前后语义之间的关联。本环节以本诗中的"联"作为分析单位，教给学生"寻找本联中词语之间的响应关系"的文本分析方法。对于千古名句"大漠孤烟直，长河落日圆"这一联，抛却一般教学设计中孤立鉴赏的流行做法，注重发现本联与前两联之间在语义上的贯通，进而看出：本联写景，所表现的情感状态并不是昂扬积极的，而是意在突出在如此苍凉、单调、空旷的空间中，不知自己落足何处的落寞。

六、总结全诗，归纳艺术特色

（一）通过信息整合，归纳本诗思想情感

上一教学环节，完整地分析了本诗各联的思想情感内涵。通过对各联信息的一致性观察，即可得出结论：本诗表达的情感，是孤单、落寞、感伤。

（二）诗歌的表意特征：含蓄

全诗表达的是自己"问边"的落寞感伤，但无一字直说。

含蓄的表达特点，也导致了对本诗的一些流行性误读，例如说本诗颈联"雄伟、开阔"、尾联有"戍边报国之情"等。这可留待课后讨论。

【设计意图】

这个环节既统合了学生此前自行探究得出的种种答案，又重申了对于诗歌结构化分析的方法，有了之前对语义关联的细密分析，即可水到渠成得出此诗的表达特色：含蓄。全诗无一字直说自己孤单，无一字直说自己飘零感伤，而其心情，全在于此。有了合理且充分的分析做铺垫，教学难点也就迎刃而解。应注意，虽然这里提及"含蓄"，却不是鉴赏，而是分析含蓄语言背后的语义表达。

七、回顾本课，归纳学法，拓展迁移

（一）出示诗歌分析的几个步骤

1. 解_____（题目）

2. 找_____（联系）

3. 析_____（情感）

4. 观_____（特色）

（二）强调核心方法：语义信息关联

（三）运用以上方法，解读本篇课文的另一首诗《钱塘湖春行》

1. 提出主问题：这是一个怎样的春天？

2. 简要梳理本诗语义信息，寻求结构化解释。

(1) 语义信息梳理

首联——自然界中的非生物：水面、云脚

颔联——自然界中的生物（动物）：早莺、新燕

颈联——自然界中的生物（植物）：乱花、浅草

尾联——自然界中的人类活动：（绿杨阴里、白沙堤上的）人

(2) 结构化解释

一切事物都在行动。水在行动（"水面初平"），云在行动（"云脚低"），动物在行动，植物在行动，人也在行动。各联都在写春天里的行动，这些行动表现出这个季节的活力与生机。春天是一个行动的季节。春天代表生命，生命就是行动。

3. 根据结构和内容初步得出解读结论

这是一个（行动着的、充满生机与活力的）春天。

【设计意图】

归纳学法，举一反三。融通运用，内化方法。

第四章 文本分析课：
抓住文本特质，提升思维品质

——以《从百草园到三味书屋》的教学设计为例

一、为什么阅读教学要强调思维提升

几年前去参加一次赛课，要求现场抽取题目，且准备时间仅 24 小时。虽然时间紧任务重，但当看到抽取到的课文是《从百草园到三味书屋》时，我却禁不住窃喜。一是因为这是几乎所有版本的教材中的经典篇目，我自己也已经教过好几次，对文本相对熟悉；二是因为这篇文章中有不少我认为可教的东西，比如第二自然段对百草园景物的描写、第七段"雪地捕鸟"中动词的精妙运用，还有那个经典的过渡段……我自认为可讲之处俯拾皆是，绝不至于出现"无米下锅"的情形。既然准备时间仓促，我也就懒得再另起炉灶，加上一堂课时间有限，于是我截取了我认为这个文本中最有价值的一部分——写百草园景物的一段，开始我的教学设计。

我自认为这个设计抓住了整个文本的"牛鼻子"，因为无论从写景的顺序、写景的角度、写景的方法，还是对语言的品味等角度看来，这一段都在此前我观摩过的多个公开课中被作为必讲之处，反复让学生品味学习。

没想到的是，当我把这个设计呈现给罗晓晖老师请他指导时，却被全盘否定——原因是这个设计将文章肢解了,未关照到百草园和三味书屋二者之间的关系。犹记得罗老师当时说,所谓"教材就是例子",教学设计应该想清楚每篇课文是最适合用来教哪个知识点或训练哪个能力点的例子,也就是关注文本特质以及文本独特的教学价值。《从百草园到三味书屋》这个文本最为显著的特质就是百草园和三味书屋两个不同空间之间的比较,因为作者鲁迅正是力图通过二者的比较来揭示文章主旨的。如果按照我这样的设计去执教,只抓住一些句子、片段来教学,就会支离破碎和流于表面,无法训练学生的思维。阅读教学不具备思维含量,当然也就无法提升学生的阅读能力。更何况,如果要教给学生写景的方法和写景的层次,还有很多比《从百草园到三味书屋》更为经典的案例,比如《春》《荷塘月色》等。

  这个批评给了沾沾自喜于原有设计的我当头一棒,让我开始思考阅读教学与思维培养的关系。不得不承认,长期以来,自己的教学确实存在着思维含量不够的问题:不愿意动脑筋独立解读文章,习惯于照搬教参或前人的结论,备课时只重视自己感兴趣的段落,忽略了从整体上把握文章结构等,都是明显的体现。其原因,首先还是自己对阅读教学提升学生思维品质的重要性认识不够。

  在当前《义务教育语文课程标准(2022年版)》所强调的四个学科核心素养中,思维能力至关重要。"思维能力是指学生在语文学习过程中的联想想象、分析比较、归纳判断等认知表现。"[①] 思维是学习的核心,提升思维品质是教学的核心。阅读教学的重任,是要培养学生在语言和思维方面的能力。而当前阅读教学存在的一个

[①] 中华人民共和国教育部. 义务教育语文课程标准(2022年版)[M]. 北京:北京师范大学出版社,2022:5.

常见现象是：教师虽然耗费大量时间进行阅读教学，但是学生在独立面对文本时的表现依然很难让人满意，更直接地说，就是阅读题的得分始终不理想。究其原因，并非学生不想得高分，只因他们不能得高分。当学生尚不具备真正的文本分析能力时，要去获取高分显然是奢望。真正的阅读理解能力的培养必须来自日常教学，在平时加强学生对语言符号的分析和综合能力的训练。而对分析与综合能力的训练，就是阅读理解中最重要的思维活动，也是文本分析课的核心任务。

二、思维、思维品质及其表现形式

既然思维的发展与提升如此重要，那什么是思维，什么是思维品质，什么又是语文学科的思维品质呢？在此借用罗晓晖老师对于这几个概念的阐释，旨在给大家提供一点启发。

（一）思维

对于思维，通行的理解是：思维是认识的理性阶段，在这个阶段，人们在感性认识的基础上，形成概念，并用其构成判断（命题）、推理和论证。要注意的是，思维所指的是认知活动，包括形成概念，进行判断、推理和论证等内容。由此不难看出，思维总是抽象的、理性的。

（二）思维品质

品质一词，对人来说，是指人的素养所达到的程度；对物而言，是指物品质量所达到的水平。品质有高低好坏之别，可以通过一定的质量标准来描述、衡量甚至评测。思维品质是什么呢？思维品质就是思维活动的质量，亦即个体的思维操作活动所呈现出来的效益和效率。思维品质越高，思维活动的效益越大，效率越高。

在阅读教学中提升学生的思维品质，就是指要让学生有意识地运用智力，去产出更优的思维成果，以及更有效率地产出思维成果。第一，它必须能够产生更好的结果——要有效益；第二，它必须更快地产生结果——要有效率。做到了这两点，就表明教学活动实质性地推动了学生的思维发展。

（三）思维品质的表现形式

罗晓晖老师认为，在有意义的学习活动中，从语文学科的角度，可以将衡量思维品质高低的表现形式，确定为系统性和深刻性两个方面。系统性表现的是思维的广度，深刻性表现的是思维的深度。二者一经一纬，完整地涵盖或体现了思维的品质。

1. 思维品质的系统性

系统性，指整合不同信息并发现事物之间的普遍联系，从而统合所有信息，建立起结构性认知。主要体现为思维的综合性和宽广度。

思维的系统性涉及面很广，具体表现为灵活性、条理性、严谨性、综合性、宽广度等多项指标。首先，要整合不同信息并发现事物之间的普遍联系，就需要从不同角度、不同维度来审视和把握系统中的不同对象，需要思维在各个维度、角度之间的转换和迁移，这其实就是所谓思维的灵活性；系统性必定要求建立起结构性认知，就意味着思维不仅要具备条理性和严谨性（这二者也就是所谓逻辑性），同时也必须具备综合性和宽广度。

2. 思维品质的深刻性

有了系统性，思考就全面了。思考越全面，思维结论就越正确。人是一个整体，思维活动也是整体性的，因而系统性表现得充分之时，往往也会表现出一定的思维深度。所谓深刻性，主要是指透过现象看本质、发现现象深层结构的抽象思维能力。

深刻性主要表现为抽象思维能力，就是要透过现象，看到潜藏于事物之中的深层意义和深层结构。现象是事物的外部显现，可以被感官直接感知；而深层意义隐藏在现象之中，深层结构是事物的内部联系，只有靠理性的分析与综合才能够把握。

因《从百草园到三味书屋》的文本特质，特别适合作为训练思维品质系统性的阅读材料，故下文主要从系统性角度举例。

三、《从百草园到三味书屋》的教学如何提升思维的系统性

常言道，散文"形散而神不散"，这是因为散文内部是按照一定逻辑，组合多则材料而形成的。这些材料看似散乱，但将它们整合起来后，就形成了一个共同为主旨服务的体系。这就像在人体中，能够完成一种或多种生理功能的多个器官按照一定的次序组合在一起，形成一个系统，如血液循环系统、呼吸系统、消化系统等。

（一）运用思维的灵活性进行结构分析

正如前文所述，系统性要整合不同信息并发现事物之间的普遍联系，需要从不同角度、不同维度来审视和把握系统中的不同对象，需要思维在各个维度、角度之间的转换和迁移。《从百草园到三味书屋》作为统编教材七年级上册中的一篇长文，正是训练思维的系统性的极佳例子。

细读文本后能够有如下发现：

1. 从宏观结构上看，对百草园生活和三味书屋生活的描写构成了文章的两大板块。

2. 除此以外，文章的第一段和结尾处的最后两句也构成了对应性的结构布局，可称为两个小板块。

3. 两个大板块的对应清晰明了，是显性结构；两个小板块的对应引而不发，可谓隐性结构。

依据上述发现可知，《从百草园到三味书屋》的阅读理解，在

思维的系统性，尤其是"整合不同信息并发现事物之间的普遍联系"方面提出了较高的要求。同时，两个大板块所写的内容，从叙述视角来说，无论是百草园之"乐"，还是三味书屋之"严"，作者都是站在童年的"我"的视角去观察、感受和理解周围世界的。而在两个小板块的叙述中，百草园"卖了"，曾经画的绣像也"早已没有了罢"，都是从成年人的视角看到的，这就是失乐园——童年不再，时间流逝，世事变化。要能够关注到这一点，需要思维在各个维度、角度之间进行转换和迁移，这也是思维系统性中灵活性的体现。

（二）运用思维的宽广度进行人物分析

从人物上看，文中写得最多的是先生。在写先生的几段文字中，鲁迅专门引用了一段赋："铁如意，指挥倜傥，一座皆惊呢～～；金叵罗，颠倒淋漓噫，千杯未醉嗬～～……"这段赋文是在描述晚唐时李克用大败孟立方摆酒三垂冈庆贺胜利的情形。看到这里，我们的思维一定要打开，要去思考一个无功无名、仅仅靠教书为生的先生如此陶醉于一个与自己毫不相干的人生得意者的狂欢的原因——这是一个人生失意者壮志未酬的人生喟叹，也是人生的必然趋势：不断远离梦想，屈从于现实。

这样的人生趋势，在文中另外两个人物（"我"和"我"的同窗）身上也得到了体现——教师讲授这篇文章，首先自己要有这样的系统性思维的意识。教师引导学生认识到这一特点后，带领学生去发现散落在文中的各材料与主旨之间的关联性，可以让学生思维的系统性得到提升。

后文将以我的《从百草园到三味书屋》文本分析课教学设计为例，具体谈谈如何在教学的各个环节中提升学生的思维品质。

(三)通过结构的分析得出主题结论

就散文的类别而言,《从百草园到三味书屋》属于写人叙事类散文,学习这类散文的特点是文中有大量与人物、事件有关的信息需要学生梳理、概括和整合,从而对文本形成结构性认知。比如,文中提到的人物众多,如"我"、闰土的父亲、长妈妈、先生、有钱的同窗等。文中写到的事件庞杂,包含在两个地点的生活中发生的若干往事:百草园的乐事、长妈妈讲美女蛇的传说、冬天在百草园捕鸟、到了三味书屋拜师、问先生怪哉虫的事件、在三味书屋的后园子里玩耍、先生读书等。

如果孤立地看这些人、这些事,而不明白鲁迅为何要将他们放在同一篇文中来讲述,就会认为百草园是百草园,三味书屋是三味书屋,它们无非是鲁迅经历的两段生活而已——百草园的生活是天真烂漫、充满乐趣的;三味书屋的生活是枯燥无味、让人畏惧的。因为不能形成对文本的结构性认知,就会错误地得出这篇文章的主题结论:要么认为是"通过对百草园和三味书屋美好生活的回忆,表现儿童热爱自然,对知识的追求,以及幼稚、天真、欢乐的心理";要么认为是"通过对百草园和三味书屋生活的前后对比,揭露和批判了封建腐朽、脱离儿童实际的私塾教育";要么折中一点,认为是"通过对百草园和三味书屋的回忆,表现了儿童热爱大自然、喜欢自由快乐生活的心理,同时对束缚儿童身心发展的封建教育表示不满"。

以上三种关于主题解读的说法,曾经在很长一段时间作为"课后习题"出现在人教版的初中语文教材中,但三者都有着明显的偏颇。比如,第一种说法完全忽视了二者之间基本性质的区别,无视"我"对三味书屋所代表的规范、约束、缺少自由的不满;第二种说法关注到百草园和三味书屋生活的强烈反差,但显然忽略了先生

"方正、质朴、博学、不轻易体罚学生"的特点,所谓"批判揭露"未免言过其实;第三种说法看似全面,但在主题层面上显然无法统一。当对文本形成结构性认知后,这篇文章发出的对儿时真趣的失落、社会环境对人的巨大改变的深沉感慨也就不难得出了。

附：

《从百草园到三味书屋》文本分析课教学设计

▶▶▶ 学习目标

运用结构分析和人物分析法，把握文章结构，进而读懂文章主题

▶▶▶ 学习重点

分析文章不同信息、不同板块之间的结构性关联，形成系统性思维

▶▶▶ 学习难点

对文章反映的"人生在社会化过程中不断失去儿时真趣，社会环境对人的巨大改变"这一主题的理解

▶▶▶ 学习过程

一、导入热身，畅谈印象

提问导入：通过预习，如果要在百草园和三味书屋的前面填上恰当的形容词，你会填什么呢？

　　A.（　　　　）的百草园　　B.（　　　　）的三味书屋

A 可能的答案有：乐园般的、有各种植物和动物的、草很长的、有美女蛇传说的、冬天比较无味的……

B 可能的答案有：严厉的、先生学识渊博的、只能读书的、后

园可以玩耍的、无趣的、课堂上可以画画的……

【设计意图】

此环节设计的目的主要有二：一是检查学生对于课文的预习情况，引发对全文主要内容的梳理，梳理后在文中找到一些可以印证自己对于百草园和三味书屋的印象的词句；二是引导学生关注百草园和三味书屋二者特征的差异，为后文谈及"比较的视角"做铺垫。

二、解析题目，提取信息

（一）设问

如果让你从以上答案中分别选取一个最能体现这两个地点特征的词语，你会选择哪一个？为什么？如果都不尽符合你的想法，你能否找到一个更恰当的词语？（结合课后"思考探究"题一的2、3小题）[①]

（二）设问

分别找出写百草园和三味书屋两部分的起止语句，想一想，这两部分是怎样连接在一起的？（结合课后"思考探究"题一的1小题）

【设计意图】

这两个问题的设计源头，来自本单元的"单元提示"中"关注文段中的关键语句"和本课后的思考探究题，这些都是教材编者意图的体现。现有统编教材的课后思考探究题，很大一部分是可以用来带领学生进行整体感知的资源，值得教师好好

[①] 中华人民共和国教育部. 义务教育语文教科书 语文 七年级 上册[M]. 北京：人民教育出版社，2016：43.

利用。因为这篇文章篇幅很长,所以教学时应该遵循"从整体到局部"的顺序,这也有利于培养学生思维的条理性和逻辑性,是提升思维系统性的基础。

三、结构分析,初识主题

(一)细读文章,绘制结构图

百草园生活的回忆,由哪几个内容单元组成?三味书屋的生活,主要由哪几个内容单元组成?请细读文章,绘制出文章这两部分内容的结构导图。

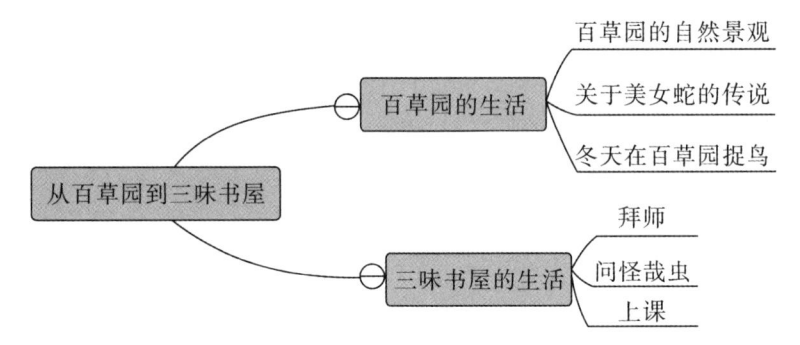

```
从百草园到三味书屋 ─┬─ 百草园的生活 ─┬─ 百草园的自然景观
                  │              ├─ 关于美女蛇的传说
                  │              └─ 冬天在百草园捉鸟
                  └─ 三味书屋的生活 ─┬─ 拜师
                                 ├─ 问怪哉虫
                                 └─ 上课
```

(二)关注文章的开头和结尾,分析其意义上的关联

1. 开头:"我家的后面有一个很大的园,相传叫作百草园。现在是早已并屋子一起卖给朱文公的子孙了,连那最末次的相见也已经隔了七八年,其中似乎确凿只有一些野草;但那时却是我的乐园。"

2. 结尾:"后来,因为要钱用,卖给一个有钱的同窗了。他的父亲是开锡箔店的,听说现在自己已经做了店主,而且快要升到绅士的地位了。这东西早已没有了罢。"

3. 提问:你从中读出了怎样的共同含义?

4. 结论:失去。

（三）小组讨论，完成填空

1. 通过本次梳理文章的结构，我们发现，《从百草园到三味书屋》还可以理解为：从_____到_____。

2. 参考答案：从童年到少年，从快乐到失落，从自由到约束。

3. 小组代表发言，老师板书学生答案中有价值的部分。

【设计意图】

绘制文章结构图对于"长文短教"来说，是一个提高阅读效率、理清结构层次的好办法。但在梳理中，学生很容易只抓住文中写到的几个主要事件，而忽略了文章的开头和结尾这两个段落，尤其很少关注到二者之间共同要表达的意义。因此这里设计了引导学生对其意义关联进行分析的环节——从开头的园子"卖给"别人，到结尾的绣像"卖给一个有钱的同窗"，以及最后"这东西早已没有了罢"，三者共同的含义就是"失去"，这也是为后文揭示文章主旨张本。

四、人物分析，再探主题

（一）寻找"先生"

文章出现了三个人物，其中着墨较多的一位是"先生"。请找出文中介绍先生的文字并朗读。

答案示例："和蔼地在一旁答礼"，"高而瘦的老人"，"方正、质朴、博学的人"（以上文字在文中都不难找到）。

（二）带领学生分析一处描写先生的细节

……只有他还大声朗读着：

"铁如意，指挥倜傥，一座皆惊呢～～；金叵罗，颠倒淋漓噫，千杯未醉嗬~~……。"

我疑心这是极好的文章，因为读到这里，他总是微笑起来，而且将头仰起，摇着，向后面拗过去，拗过去。

1. 提问：这两句赋文的意思是什么？它何以令先生这般陶醉？
2. 提示：从赋的描写对象——李克用的生平事迹的角度去解读。（教材注释对赋文只有简短的解释，所以这里可相机补充介绍关于李克用的生平事迹）

这段赋文是描述李克用摆酒三垂冈庆贺胜利的盛况，唐朝末年的李克用智勇双全，曾受封晋王，后割据一方。其子李存勖建立后唐，尊李克用为"太祖"。李克用就是"指挥倜傥"的胜利者。

3. 分析：先生的潜意识里充满了对建功立业的渴望，其身虽老，壮心未已。这段文字看似写先生陶醉于赋文，实则表现了先生潜意识里对建功立业之旧梦的难以释怀，时常吟诵这叙写人生得志的文字，借此让自己陶醉在创建丰功伟业的幻梦之中。从中可见到一个"壮志未酬"的先生形象，亦可折射出先生内心的失落与人生困顿的境遇。

（三）三个人物的求同分析

分析文中另外两个人物的变化

1. 关注文中描写"同窗"的文字，总结其现在的生活状态的变化——"听说现在自己已经做了店主，而且快要升到绅士的地位了。这东西早已没有了罢。"
2. 总结文章中"我"的生活状态的变化——百草园中纯然的自由和快乐，三味书屋中的被约束和无聊（画绣像）。
3. 结论：

百草园和绣像的丢失，暗示着童年趣味的流逝；同窗对绣像曾经的喜欢,让位于"店主"的利益与"绅士"的地位,意味着天真烂漫的"失去";曾胸怀大志的先生沦落为无功无名的塾师,昭示着梦想的幻灭。先生、同窗、我,三个人物的叠加可以看出:人生是一个持续的社会化进程,而这一进程的趋势,便是不断失去童真,走向成人的世界。

4. 板书本文主题:人生是一个持续的社会化进程,而这一进程的趋势,便是不断失去童真,走向成人的世界。

【设计意图】

"人物分析"是这篇文章训练文本分析能力的重要方法,操作中要注意三个要点:

1. 注重人物间的联系。不能因为文中着墨最多的人是先生,就只孤立地分析先生的形象;分析与先生的人生趋势相似的另外两个人物,这充分体现了思维的系统性。

2. 突出人物分析的重点。本文叙述的三个主要人物存在着共同命运,从而能够更好地揭示文章主旨。同时,因为一节课的教学时间有限,所以务必要突出重点——以分析先生的形象为主,另外两位为辅。

3. 精选分析细节。文章"三味书屋"部分涉及先生的内容较多,在分析先生形象时,选取怎样的内容很关键。这段赋文,因为内容艰涩,学生自读时很容易忽略,但它恰恰是最能体现先生有着创建丰功伟业的白日幻梦的地方,分析时须得在此用力。

三个人物的求同分析,使得文中关于三个人物的信息,成为文本整体这一系统中的有机组成部分。这样,我们对三个人物的理解被置于一个系统之中，从中能够看出思维的宽度、广度和整体意识，学生对文本信息的理解就不再是孤立的和支离破碎的。

五、归纳方法，观照思维

（一）总结方法

本课得出主旨所用到的方法主要有结构的关联性分析和人物的求同性分析。

（二）观照思维

从结构上看，对百草园生活和三味书屋生活的描写构成了文章的两大板块。除此以外，文章的第一节和结尾处的最后两句也构成了对应性的结构布局，可称为两个小板块。我们分析文章，要有这样的系统性思维的意识。

（三）本课结语

如果说两大板块重在呈现童年鲁迅的生活经验，告诉读者人生本质是充满好奇的、好玩的；那么两个小板块则重在说他的失乐园——童年不再，时间流逝。人类知识积累的巨量、教育内容的系统要求和人类天性的放任，注定了进入一定年龄阶段后，以强制、规束、纪律、枯燥为主色调的三味书屋必然取代以适意、放任、宽松、有趣为主色调的百草园。这是成长的生命的必然，是我们无法抗拒和改变的现实。

【设计意图】

这是本课的最后一个环节，总结方法的目的是让学生能够在回顾时发现文章的主题结论；不是照搬别人的结论"贴标签"

而来，而是立足理性，严格按照文本信息，根据文本的结构和人物分析出来的。

  这里总结到的两个方法"结构的关联性分析"和"人物的求同性分析"不仅适用于本篇文章，也适用于很多篇幅较长的文学类文本。比如分析鲁迅的《故乡》中的杨二嫂、闰土、"我"这三个人物，同样可以运用这些方法。至于"本课结语"，相当于是对本文主题的一个解释，对于尚处于天真烂漫时期的七年级的学生，有可能无法接受本文如此沉重的主题，这一段解释，教师可以结合他们从小学进入中学之后面临的现实状况来进行举例，切忌生硬照搬。

第五章　"磨"出一堂纯粹的文本分析课

——以《昆明的雨》教学设计的打磨为例

一、文本分析课在课型分类中的重要地位

阅读课、写作课，新授课、复习课，是传统语文教学中常见的课型分类。但这样的分类缺乏对具体教学内容的操作规范，甚为笼统。罗晓晖老师在 2014 年提出了"按语文的能力目标（识记、理解、分析、综合、鉴赏、评价等）来进行课型分类"的观点。在 2018 年出版的《文本解读与阅读教学讲谈》和 2020 年出版的《追求更高品质的阅读教学——中学语文名师课例深度剖析》两本书中，对此都有简略但清晰的论述。

针对一个单元，通过知识与能力类型的梳理，我们整合设计出七种语文课型。其中，阅读教学最核心的课型有两种：一是文本分析课，一是评价鉴赏课。文本分析课是对文本的理解，重在消化；评价鉴赏课是对文本的评价，重在内化。

文本分析课旨在培养学生分析文本的能力，实现对文本的准确理解。通俗地说，就是承载着"教学生读懂文章"的重任，可谓阅读教学乃至整个语文教学的重中之重。如果教学缺乏在文本边界内通过信息分析、提取和整合，实现对文本的还原性理解的过程，是

不可能教会学生读懂文章的；学生读不懂文章，其阅读能力、阅读题的得分当然是无法提升的。换言之，文本分析课的最主要任务，就是教师通过解读示范，将对文本内信息进行筛选、提炼、分类、整合，并将据此得出主题结论的过程展示给学生，从而教给学生一套读懂文章的方法。

文本分析课是教会学生分析文本的关键课型，在阅读教学课型中具有重要地位。

知易行难。虽然越来越多的语文教师认可文本分析的重要性，也认同这样的课型分类，并在尝试改变阅读课堂教学内容杂糅的现状，但遗憾的是，或许是因为传统的惯性太过强大，或许是理论与实践之间总会有一定的距离，或许是大家都处在观望与试探阶段，迄今为止，我们很少在一线教师的课堂上看到纯粹的文本分析课或评价鉴赏课的实践案例。

二、《昆明的雨》文本分析课诞生的前世今生

"纸上得来终觉浅，绝知此事要躬行。"在2020年高新区大源学校和顺江学校组织的一次语文同课异构活动中，我们对大源学校的

献课教师张婷婷明确提出：课文可以任选，但务必根据课型分类的要求来上一堂纯粹的文本分析课。"初生牛犊不怕虎"，年轻的张老师接到任务后，勇敢地迈出了自我革新的步伐。经过反复打磨，最终成功地设计并执教了一堂纯粹的文本分析课。我见证了张老师做教学设计和磨课的整个流程，对这种自我革新的痛苦可谓感同身受——首先，要根据自己对文本的素读理解做出全然不同于以往的教学设计；其次，要反复根据指导教师的意见对设计进行颠覆性调整；再次，每一次设计优化后，都需要去面对学情不同的班级逐一试讲，试讲后再次修改教学设计中须调整的地方；最后，就算是已经磨课磨得滚瓜烂熟了，正式上课前两天，依然会对即将面临的班级在课堂上会出现什么样的情况惴惴不安。"望尽天涯路"，"为伊消得人憔悴"，"羁绪鳏鳏夜景侵，高窗不掩见惊禽"，什么滋味都体验过了。

（一）屡屡被误读的《昆明的雨》

说来巧合，接到文本分析课的教学任务后，张老师在那学期尚未讲授的课文中选取了《昆明的雨》。《昆明的雨》自选入统编教材以来，颇受上公开课的教师的青睐。作为汪曾祺的经典散文，很多老师也许认为这篇文章的解读很简单，主题结论很明确，甚至文中就有原话——"我想念昆明的雨。"因此，绝大部分教师，都紧扣本单元教学目标的要求"要反复品味、欣赏语言，体会、理解作者对生活的感受和思考"，围绕"对昆明的雨的想念"来设计。从教学环节来看，大都在带领学生寻找昆明的雨的特点，再带领学生体会作者蕴含其间的情感，试图通过文中一些语句去体会汪曾祺散文语言淡而有味的特点，让学生领略汪曾祺语言的魅力。

而众多执教者似乎集体"屏蔽"了文章的第十段，也就是提及"乡愁"的段落。对这个重要段落的忽略，势必造成文本解读的肤浅，甚至解读结论的错误。如果不对全文加以全盘整合，仅仅因为全文首尾都说"我想念昆明的雨"，就简单认定本文的思想情感是"对昆明的雨的想念"，这种做法是值得商榷的。

《昆明的雨》看似简单，实则是一个有着解读难度的文本。其难点在于汪曾祺散文中的情感基本都不是直接表达，而是含蓄流露。文中"雨，有时是会引起人一点淡淡的乡愁的"这一句，仔细品读起来，你会发现，不是没有乡愁，但这乡愁不是常常涌起，只是"有时"；这乡愁也并不浓厚，而是"淡淡"；这乡愁更不是直接涌现，而是"雨引起的"——这是文章的第十段值得玩味的地方。这是破解全文情感密码的要核，也是能够打通前文所写的（仙人掌、菌子、杨梅等）那些内容的语句。作者虽在异乡，但昆明的雨中的景、物、人却让他觉得舒服，给了他一份温情、一种滋味、一丝柔美、一股生命力。

（二）交出第一根"小板凳"：了解什么是文本分析课

不出所料，张老师提交的第一稿的教学设计也没有跳出窠臼，她设定的教学目标是"鉴赏文中的景物美、滋味美、人情美、氛围美（课后阅读提示里写到的'四美'）"。这么多"美"，却真的只是看上去很美——因为它不属于文本分析课的范畴，反而更像评价鉴赏课，这显然不符合我们的要求。更何况，文本分析课之所以重要，就在于它是接下来进行评价鉴赏的基础；如果没有对文本的准确理解作为基础，就开始对其语言艺术形式进行鉴赏，那势必言之无根，一脚踏空。

第一稿的设计被彻底否定后，我提醒她关注文章的第十自然段（也就是写乡愁的那一段）。仔细研读后，张老师提出了几个有代表性的困惑：

1. 第10自然段提到的"淡淡的乡愁",是他想念自己的故乡高邮?

2. 因为"四十年后,我还忘不了那天的情味"而写的小诗又是为了表达什么?

3. 单看第10自然段,"淡淡的乡愁"说得通,可怎么与菌子、杨梅、仙人掌关联?

对于以上三个问题,我的回答是:

1. 进入文本便可发现,汪曾祺当时身在昆明,文中的思乡,只能是他真正的故乡高邮,这是毫无疑问的。

2. 所谓情味,是对当初"不得不把他乡当故乡"的感慨。

3. 作者写仙人掌、菌子等,包括人情美,是因为这些景、物、人恰恰淡化了他当时的乡愁,一定程度上抚慰了他的游子心。他就是用这些来化解乡愁的。

我们一直强调:文本各个局部内容之间,必须存在结构性关系,这是保障文本内部统一性的基础。文中表达了作者"对昆明的雨的想念"不无道理,然而这样的概括是粗疏的,甚至是空洞的。所有的回忆,都可被视为想念。教师应该引导学生思考:"我"并不是昆明人,为什么会"想念昆明的雨"呢?为什么"我"所想念的,偏偏是昆明的雨,而不是别的地方的雨或故乡的雨?这就需要进一步分析文本内容的特殊性,研究"我"究竟是在想念什么。这才是这个文本具有分析难度的地方。简言之,就是要找到文中各部分的内容(仙人掌、菌子、杨梅、缅桂花等),是否能够相互联结起来,是否能够寻求一个更具体且有整体感的解释。

一番探讨后，豁然开朗的张老师决定从零开始，重新做教学设计。这番探讨的过程之所以重要，就在于她学会了细读文本并提出自己的疑问，对文本分析课有了更清晰的认知。

（三）后来的几根"小板凳"：慢火熬出文本分析课的真滋味

几天后，第二稿的设计出炉。这一次的教学目标是："1. 把握文章内容，梳理文章脉络；2. 体会文本中作者所表达的情感。"这是定位于文本分析的目标，进步可谓明显。但仔细辨析，其中还存在两个小问题：首先，这两个目标可以合并；其次，语文的课堂教学目标，一定要用知识和能力目标词汇去描述，比如能力目标当中的理解、分析和综合。"体会"不在此列，它适合描述阅读行为，不适合描述阅读教学目标。因此我建议张老师将目标简化并调整措辞。于是有了第三稿的教学目标："梳理文章脉络，理解文本中作者所表达的情感。"至此，目标定位清晰，教学环节的设计便围绕此目标展开。

2020年10月28日那天，我们去听了张老师的第一次试讲，当时的总体感受是她正在"艰难转身"。那节试讲课设置了这样几个环节：首先是对文本内容的梳理，然后是对"景物美、滋味美、人情美"的品味，接下来带领学生体会第十自然段的"乡愁"。从课堂的推进可以看出，几个环节之间的逻辑关系不够明晰，尤其是对每个环节与达成教学目标之间的关系思考得还不成熟，教学设计的细节还有若干需要调整的地方。我记录下了听课后的一些思考：

1. 《昆明的雨》根本没怎么写"昆明的雨"，写的是昆明的雨季。

2. 作者想念昆明的雨，本质上是想念他在昆明的那一段人生。

3. 关于教学环节：什么是"梳理"？梳了，还要有"理"。也就是要整合，使它呈现出条理。

4. 顽强的仙人掌，鲜美的菌子，充满人情味的卖杨梅的姑娘和卖缅桂花的母女，她们和乡愁有什么关系呢？——他们给了这个久客他乡的游子很多的安慰。

5. 陈圆圆到云南就出家了，出家人万事不关心，为何她最后还要投水而死呢？因为她哀愁纠结在心，没法放下，不能释怀。

6. 为什么说《夜雨寄北》是为久客的游子而写的呢？重点是"君问归期未有期"，也就是回不去家乡。

听课后，我提出了修改意见：在梳理结构后，引导学生发现第十自然段跟前文之间的情感落差——第十自然段是愁苦的，而前文的情感却似乎带着很多满足和快乐。可设置两个任务：

任务1：分析第十自然段的情感。
任务2：分析第十自然段的乡愁和前文内容的统一性。

在这次磨课后，张老师对于文本的细读可谓渐入佳境。尤其是对于第十自然段，她提出了很多新的发现：

1. 汪曾祺四十年后对于"半市斤酒（装在上了绿釉的土瓷杯里）"这个细节竟然印象如此深刻；

2. 文章最后作者那首小诗中木香花是"湿""沉"的，一如作者当时的心情；

3. "浊酒"这样的意象常常和思乡联系在一起，比如"浊酒一杯家万里"；

4. 文章的引文"城春草木深"绝非汪曾祺的无心引用，而是因为在那样的时局下，汪曾祺和杜甫一样有着"黍离之悲"；

5. 不需要查更多的背景资料，仅凭借对文本的细读和对这些细节的分析，完全可以得出作者在西南联大期间，因为战乱"有家不能归"的淡淡的悲伤——而昆明的雨滋润了那些景、物、人，那些景、物、人又慰藉了"我"的悲伤。

三、以《昆明的雨》教学设计，例说文本分析课的几个环节

从张老师的教学设计（见后）中，可以看出这节文本分析课的四个步骤：

（一）梳理文本结构

请学生快速浏览课文，找出写昆明的雨的段落，并用横线勾画出昆明的雨的特点。

梳理后很快就能发现，全文仅有三个段落写到昆明的雨，所以，务必要概括剩余八个自然段的段意。如此很快就能找到文中所写仙人掌、菌子、杨梅、缅桂花等内容。

（二）分析关键局部

第一个环节结束后，教师总结：通过梳理，我们发现作者在昆明的生活是吃着鲜腴的菌子、一点都不酸的杨梅，耳畔回响着苗族小姑娘娇美的吆喝，缅桂花的香味在屋子里弥散开来，完全是一幅惬意、舒适的生活场景。但大家不能忽略第十自然段。作者在本段表达的情感是什么？

学生很容易发现第十自然段写到了乡愁。接下来就带领学生细读此段，找到哪些内容在表现乡愁，并说出理由：

1. 引诗来表达——《夜雨寄北》；
2. 通过同样流落昆明的异乡人来表现——陈圆圆因为战乱流

落到昆明；

3. 用景在烘托——雨中木香花；

4. 用诗来表达——少行人、一寸。

（三）整合全文内容

设置问题：统观全文，你怎么理解作者"有时""一点淡淡"的乡愁？

分别从"菌子、杨梅、缅桂花、仙人掌"四个对象，去分析战乱期间这些东西对身处异乡的"我"心灵的安慰。

这样，就基本上在"乡愁"这一主题词下，统合起全文内容了。

（四）揭示文章主旨

最后，揭示昆明的雨与以上景物的关系——这些美好的景、物、人，都受到了昆明的雨的滋养。而这些美好的景、物、人，构成了对"我"的乡愁的抚慰。

2020年11月18日，同课异构活动如期进行。有了前期精心的准备和不懈的努力，张老师最终上出了一堂纯正的文本分析课。应该说，这是一次极有意义的尝试，它构建起了文本分析课的基本教学范式。我们认为，这个范式应该遵循但不局限于以下步骤：梳理文本信息——寻找信息关联——整合全文信息——揭示文章主旨。这实际上就是文本解读的基本步骤。

四、关于文本分析课教学的补充问答

下面以问答形式，回应关于文本分析课的一些可能的困惑。

问：文本分析课是不是绝对不能出现对作者、对时代背景等的介绍和补充？

答：我们反对在文本分析之前就进行对作者、对写作背景的介绍（所谓"知人论世"）。因为文本分析课的任务是读懂文章，读懂的路径只能是识别文本的语义信息、理清文本的内在逻辑。介绍文本外的背景信息，反而可能构成干扰。

但是，在张老师这节文本分析课授课的过程中，却有对陈圆圆生平的补充介绍这个环节。我们认为，这恰恰是很有必要的。因为，陈圆圆晚年出家而后投莲花池而死，并不是文本之外的信息，而是文本内部的信息。很明显，汪曾祺预设的读者是了解陈圆圆故事的人，所以文中对此做了信息的简化。文中对杜甫、陶渊明、李商隐的引用，都说明了这一点——他所预设的读者并非中学生。张老师在搜集学生课前预习的疑惑时，发现学生提出了"作者写陈圆圆出家而后投莲花池而死与作者的乡愁有何关系"这样的问题，在讲到第十自然段时补充陈圆圆的相关信息，实际上是补足作者预设的已知信息。从教学的角度看，如果不补充陈圆圆的生平，学生就无法理解二者境遇的相似——对于昆明，陈圆圆和汪曾祺都是异乡人，都是因战乱而来到此地，这也就是作者在本段讲乡愁时专门点出陈圆圆石像的原因。

问：文本分析课可否讲文本中的修辞手法、艺术技巧？

答：文本分析课以理解文本思想情感为核心任务，不对文本做评价和鉴赏。对修辞手法、艺术技巧等文本形式的赏析，是评价鉴赏课的任务。但这并不意味着完全不能讲修辞手法和艺术技巧，比如《昆明的雨》文本分析课中并非完全不能分析语言技巧，在张老师的设计中，也有对作者所写的那首诗的语言的分析：

莲花池外少行人，野店苔痕一寸深。

浊酒一杯天过午，木香花湿雨沉沉。

不通过分析是无法理解这首诗中作者深沉、低抑的心情的，而对这种心情的理解，有助于对全文情感的理解。

但必须注意：文本分析课所有触及修辞手法、艺术技巧的分析，意图都是发现技巧性表达背后的语义，而不是对技巧的效果进行赏析。文本分析课关注的是隐含在这些手法技巧下的语义，这属于文本分析。讲这些手法技巧的效果，才是鉴赏。这二者是有区别的。

问：文本分析课是否应该处理生字词？

答：按照我们的课型分类，字词的学习应该前置，放到预习课中去完成。严格说来，字词的学习是阅读得以进行的基础，而不是阅读教学的一部分。但在观察张老师这节课时，我们却要为其中一个处理字词的行为点赞——当学生对文中"鲜腴"一词的理解有障碍时，教师并没有视而不见，而是停下来为学生解释它在这个语境中的含义，因为这关涉对文意的理解，也是尊重学情的体现。

附：

《昆明的雨》教学设计

◼ 成都市高新区大源学校　张婷婷

▶▶ 学习目标

梳理文章脉络，理解文本中作者所表达的情感

▶▶ 学习过程

一、导入

上课前，老师邀请大家欣赏一个电影片段，它有一个非常诗意的名字：静坐听雨。（播放电影《无问西东》中西南联大学生"静坐听雨"的片段）

师：西南联大的这堂课，因昆明的雨而被我们铭记。昆明的雨也印刻在了许多西南联大学子的心中，其中一人便是汪曾祺。今天，我们就一起走进他记忆中的《昆明的雨》。

齐读课题、进入文本。

过渡：标题是"昆明的雨"，初读标题时，你会思考哪些问题？

这几个问题里，你认为我们首先需要回答哪一个？

明确：昆明的雨是怎样的雨，具有哪些特点。

【设计意图】

"导入",既要重"导",又要重"入"。从电影片段的"静坐听雨"到散文《昆明的雨》,既能激发学生的学习兴趣,又能将学生带入到那个特定的年代背景当中,可谓一举两得。

二、梳理结构

(一)快速浏览课文,找出写昆明的雨的段落,并用横线勾画出昆明的雨的特点

学生活动:

1. 浏览、筛选、勾画;

2. 朗读相关语句。

教师点评:准确,或不准确。谁来补充。

预设:

(3—5)自然段:相当长的,下下停停、停停下下,不使人气闷、不使人厌烦,人很舒服。明亮的、丰满的,使人动情的。浓绿的。

过渡:全文共 11 个自然段,仅有 3 个自然段写到昆明的雨,请概括一下剩余 8 个自然段的段意。

(二)默读课文,请分别概括剩余 8 个自然段的段落大意

1. 预设:

(段1)画:仙人掌——生命力顽强,菌子——鲜腴

(段2)我想念昆明的雨

(段3—5)写雨季特点——相当长、下下停停、停停下下、明亮、丰满、使人动情

(段6)仙人掌——生命力顽强

（段7）菌子——鲜腴、种类繁多

（段8）杨梅——甜，人——柔美

（段9）缅桂花——繁盛，人——温情

（段10）雨引起的乡愁

（段11）我想念昆明的雨

2. 过渡：吃着鲜腴的菌子、一点都不酸的杨梅，耳畔回响着苗族小姑娘娇美的吆喝，缅桂花的香味在屋子里弥散开来，置身其中，你的感受是什么？

3. 我们梳理的所有内容是否都可以融入这样一幅惬意、舒适的生活场景中？

显然不行，尤其是第10自然段，下面我们一起来分析本段作者表达的情感是什么。

【设计意图】

梳理文本结构是文本分析的第一步。通过梳理，才能发现题目与内容的不对称：文中还写了那么多与"昆明的雨"看似无关的内容，这是为什么呢？尤其是第10自然段，明显在表现乡愁而不是写昆明的雨。学生带着这样的疑惑，顺理成章地进入下一环节的学习。

三、局部理解，聚焦"乡愁"

（一）分析

快速浏览第10自然段，思考：本段的中心句是什么？哪些内容在表现乡愁？说说你的理由。

1. 预设：中心句是"雨，有时是会引起人一点淡淡的乡愁的"。

表现乡愁的内容有：

（1）《夜雨寄北》：君问归期未有期——"久客"，回不去

全班一起读一读全诗。"君问归期未有期，巴山夜雨涨秋池。何当共剪西窗烛，却话巴山夜雨时。"

过渡：是啊，君问归期未有期——战火纷飞、国家动荡，汪曾祺离开故乡高邮，到昆明西南联大求学，归期未有期。——引诗来表达

（2）陈圆圆石像

在课前问题搜集中，教师发现同学们对此处有疑惑，于是补充如下资料：

朱德熙，江苏苏州人。汪曾祺，江苏高邮人。

陈圆圆，居苏州桃花坞，为吴中名伶，"秦淮八艳"之一。崇祯末年被转送吴三桂为妾。相传李自成攻破北京后，手下刘宗敏掳走陈圆圆，吴三桂遂引清军入关。在吴三桂所部和清军的夹击下，李自成农民军遭受重创，仓皇逃离北京，尽弃所掠辎重、妇女于道。吴三桂在兵火中找到了陈圆圆，二人于军营团圆。吴三桂平定云南后，圆圆进入了吴三桂的平西王府，相传暮年"布衣蔬食，礼佛以毕此生"，后投莲花池而死。

战乱到昆明：境遇相似！出家却投莲花池而死：异乡人暮年无奈客死他乡。此情此景，令乡愁中多了一分悲凉。——通过同样流落昆明的异乡人来表现

（3）雨中木香：密匝匝，被雨淋湿透

搭桥：当日木香的美与前文缅桂花的美、雨季的美有什么异同呢？——用景在烘托

同：浓绿、繁盛。

异：凄美、黯淡。

(4) 小诗：少行人、一寸——用诗来表达孤寂、无奈、思乡

(二) 小结

那天的雨，那天的景，那天的情味似乎真与前文的景与情带给我们的感受不一样；看来：雨，是会引起人的乡愁的。（读）经我们一分析，明明那天的乡愁甚浓，作者却说："雨，有时是会引起人一点淡淡的乡愁的。"（齐读）

这句话既是段中的，更是文中的。结合全文，说说你怎么理解作者乡愁的"有时""一点""淡淡"？

【设计意图】

这是整堂课的重点和难点。这个环节中的四处"文本细读"，意在带领学生去发现其中蕴含的乡愁，为下一环节分析"乡愁"与"昆明的雨"的关系做好了充分的铺垫。

四、整合全文

(一) 提出问题

统观全文，你怎么理解作者的"有时""一点淡淡"的乡愁？

预设：

1. 菌子：将注意力转移到菌子的各种风味上去，菌子鲜腴的味道冲淡了内心苦涩的乡愁。

2. 杨梅：都是作者津津乐道，滋味鲜美的食物。是否有些重复？

不同在于苗族小姑娘娇娇的声音，让雨季更柔美。这样的声音，也是对游子心的抚慰。（发言后读一读）（板书：温暖）

3. 缅桂花：房东母女送"我"满满一盘缅桂花，让"我"的心软软的。不是怀人，不是思乡。此时是：内心感到了温暖。也是

一种抚慰。

过渡：如果说苗族小姑娘的声音让雨季的空气更柔和了，那么房东母女送的缅桂花就让"我"的心更柔软、温暖了。

4. 教师追问：菌子、杨梅好吃，苗族女孩的娇柔，房东母女的纯善都可抚慰我，但仙人掌似乎不可以。你们觉得呢？请结合文中仙人掌的特点思考它和乡愁的关系。（提示：结合作者笔下仙人掌的特点。）

容易生长、无根、生命力顽强。战乱期间流落异乡，内心愁苦，而"我"不断地在异乡找到种种心灵的安慰。仙人掌就是"我"，它也激励着"我"。

过渡：是的，流落昆明七年的生活里，这些景、物、人柔软了"我"的游子心，温暖了"我"这个异乡人。所以你们帮助老师理解了这句话。

带着此时的理解，我们再一起来读一读：雨，有时是会引起人一点淡淡的乡愁的。

（二）结合板书过渡

分析到此，我们发现文中美好的景、物、人冲淡了"我"的乡愁。那么标题可不可以是：昆明的菌子、昆明的人情、昆明的美呢？

【设计意图】
　　如果说前一环节分析了关键局部的话，这一环节则是统合整体。

五、揭示主旨

（一）标题可否替换

标题可否替换成昆明的菌子、昆明的抚慰……呢？

预设：不能，因为昆明美好的景、物、人，都受到了昆明的雨的滋养（板书：滋养）。

请在文中找到依据，读一读。

预设：雨季的果子、雨季的缅桂花、雨季逛菜市场看到的各种菌子……

（二）揭示主旨

与其说在写昆明的雨，不如说在表现曾经昆明的雨……

预设：学生来补充完整（曾经昆明雨季中美好的景、物、人对"我"乡愁的抚慰）。

（三）总结

四十年后的汪曾祺，用本文表现了昆明雨季美好的景、物、人对他乡愁的抚慰。

今天这堂课，我们共同走进了《昆明的雨》，梳理了文章结构，探寻了作者情感。希望走出课堂后，我们能在《昆明的雨》中有更多收获。

【设计意图】

卒章显志，在这个环节，终于揭示出乡愁与"昆明的雨"之间的关系在于：抚慰。

附：主要板书

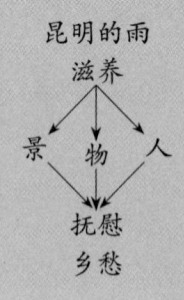

```
         昆明的雨
          滋养
         ↙ ↓ ↘
        景 物 人
         ↘ ↓ ↙
          抚慰
          乡愁
```

第六章 评价课：是什么？为什么？怎么做？

——对语文单元整合融通之评价课的认识与实践

一、单元整合融通课与评价鉴赏课的内在契合

"语文课程是一门学习国家通用语言文字运用的综合性、实践性课程。"① 综合性是语文课程的基本属性之一。综合，就要求整合，包括学科素养的整合、课程目标的整合、课程资源的整合、课程知识的整合、课程实践的整合等。在现行语文教材编排体系下，重视单元内部的整合，是一线语文教师应该关注且有能力操作的学科教学研究方向。

前几年，成都市高新区在《中小学学科课程综合化实施指导意见》中提出"基于教材的大单元教学设计"的研究方向，并积极在各个学科中开展着眼于单元整体设计教学目标、教学内容、课型、测评的各项活动。在2021年开展的"初中语文学科集体备课说课展评活动"中，高新区初中语文教研员徐文娟老师特别强调各校参赛教师团队要用整合的思想设计一堂单元整合融通课。

对于诸多一线教师而言，"单元整合融通课"是一个全新的概

---

① 中华人民共和国教育部. 义务教育语文课程标准（2022年版）[M]. 北京：北京师范大学出版社，2022：1.

念，此前并无太多资料可查。我将在此谈谈自己对于"单元整合融通"的看法。单元整合融通，既是对一个单元内几篇文章思想内容和艺术形式方面的整理和归纳（也就是寻找本单元的文章在这两方面的共同点），也是将本单元所学知识与学生生活的融通和运用。就教学操作而言，整合融通课的设计，跟我和罗晓晖老师在《追求更高品质的阅读教学——中学语文名师课例深度剖析》一书中提出的课型分类中的评价鉴赏课可谓殊途同归；就教学价值而言，整合融通课指向对学生评价与鉴赏能力的培养，着眼于思想建构、审美判断和文化理解，而核心是对学生思维能力的提升。

既然整合融通课与评价鉴赏课有着诸多关联，就在此简单介绍一下我们课型分类中的评价鉴赏课课型。此课型又可细分为评价课和鉴赏课。其中，对文本的思想情感内容进行分析、审视和权衡，就是评价课；对文本形式特征（艺术技巧、艺术特征）进行评价，就是鉴赏课，二者的实质都是评价——我们如何看待文本和文本中的那些现象、那些思想情感，以及被使用的艺术手段和这些艺术手段所达到的效果。这一课型鼓励学生参与评价，促成学生形成理智的判断、独立的思考和健全的审美能力。这篇文章中，我们着重探讨对文本思想情感内容进行评价的评价课。

二、单元人文主题与评价课的重要联系

单元人文主题，是当前统编教材中"双线组元"的"一元"，表层含义是指能够统摄教材一个单元中所有课文的共同话题（或主题），深层含义则是指潜伏在共同话题下的哲学的、伦理学的、心理学的意义。正因为评价课需要对本单元的一组文章的思想情感内容进行比较、辨析，所以评价课的第一步，应该是发现本单元的几篇课文在人文主题上的"同类项"，这是设计评价课切入点的关键。

当前的统编教材每个单元的单元提示中，都有一段对于本单元文章内容的大致概括，意图对本单元的人文主题加以揭示。但就教材的实际编写情况来看，有时候有所揭示而有时候未能揭示，因而教师对于单元人文主题的解读，不应停留在对单元提示的照搬这一较低层面，更高的境界应是对本单元文本的主题有自己的解读——这显然存在一定难度，它需要老师具备哲学、伦理学、心理学和文学审美等方面的知识背景。

我们首先以八年级上册第四单元为例，本单元收录了《背影》《白杨礼赞》《散文二篇》(《永久的生命》《我为什么而活着》)《昆明的雨》五篇散文。单元提示说，本单元可谓"散文类型多样"，"或写人记事，或托物言志，或阐发哲理，或写景抒情，展示了丰富多彩的自然景象和社会生活，表达出独特的情感体验和深刻的人生感悟"。那么，本单元的人文主题是不是"情感体验和人生感悟"呢？似乎是，但实际上不是，因为"情感体验和人生感悟"这个话题太宽泛，几乎所有的散文都在表达情感体验，都在传递人生感悟。那么，这个单元的人文主题是什么？如何才能归纳得出呢？教师可尝试在分析本单元五篇文章的主要内容和主题思想后，通过"合并同类项"的方式发现本单元文章都是在探讨人或人的社会关系，进而从人文性视角审视其伦理意义，得出结论。

在这五篇课文中，《背影》谈论的是亲情伦理（父子），《白杨礼赞》谈论的是人格价值认同（认同白杨树所代表的正直质朴的人格价值，对楠木所代表的人格价值则持否定态度），《散文二篇》(《永久的生命》《我为什么而活着》)谈论如何理解和建立生命价值，《昆明的雨》则谈论个体如何在社会中自我安顿。由此可见，这是一组均涉及伦理的散文，从文本的底层意义架构来说，它们都可以归入"伦理"这一主题之下。

伦理，是指处理相互关系应遵循的道理和规则。狭义的伦理是指人与人（也包括人与自我）的关系；广义的伦理还包括人与自然界中的生命的关系（如诞生于20世纪60年代的"生命伦理学"），人与技术、科学、工具等的关系（如"科技伦理"等）。伦理的基础是人与自我的关系，它涉及人自身的价值诉求，以及为实现自身价值而自我担负的责任——这是人进而对他人和世界担负起责任的基础。

再以九年级下册第三单元为例。这是一个古诗文单元，有三篇文言文和四首词。单元提示说："要善于汲取思想精华，获得情感的激励，在自己的人生旅途中，学会选择与坚守。"因此，老师们很容易将本单元的人文主题确立为"选择与坚守"。其实，本单元古诗文所写内容中，并非每一篇都面临选择与坚守，更准确的概括应该是表现作者在人生价值理解基础上的价值取向：其中，《鱼我所欲也》表现了孟子对人生的价值追求，提出了"存本心，坚守义"的理念；《唐雎不辱使命》叙述了唐雎不畏强暴的故事，表现了弱者（"布衣""小国"）拼死捍卫尊严的牺牲精神；《送东阳马生序》记叙作者的求学经历，表现了精神满足高于物质欲求的价值观念；《渔家傲·秋思》描写戍边将士的军旅生活，表现了乡土情怀比边塞征战更能抚慰心灵的价值认同；《江城子·密州出猎》描写了主人公出猎时的疏狂，表达了志在有为的人生追求；《破阵子·为陈同甫赋壮词以寄之》追忆了词人早年的沙场生涯，抒发了报国无门、英雄迟暮的心境；《满江红》曲折地反映了女性的生命追求，暗含着那个时代女性的平等意识和价值觉醒。

据此，本单元的人文主题，可被确定为"价值取向的多元性"。这些古诗文中，不同的作者都在追求与坚守他们自己认可的人生价值，但因为他们对人生的理解是不尽相同的，他们在自己的处境下所认同、所追求的价值也是不尽相同的。

综上所述，文学作品的思想情感，往下深挖，都会触及作者对世界、对人生的基本观念和价值取向。这就为整体把握单元内的一组文本进行融通教学，提供了依据。

三、单元整合融通课之评价课的设计要点

"题好一半文"，找准了单元人文主题，相当于知道了要评价什么，接下来进入评价课的教学设计环节，也就是考虑怎么评价。在此方面，最重要的是在教学中处理好几种关系。

（一）处理好评价课与文本分析课的关系

前文说过，教师要在分析本单元文章的主要内容和主题思想后，通过"合并同类项"的方式得出单元主题。

根据我们的课型分类思想，文本分析课和评价课是阅读教学的主体课型。对文本的评价，必须以准确的文本解读为基础，二者存在不可逆的先后关系。也就是说，在评价课实施之前，先要完成本单元每篇文章的文本分析课，实现对每个文本的准确理解；在此基础上再进入对单元主题的探讨和评价。处理好二者的先后关系，意味着处理好"课型纯化"的问题。在评价课的教学设计中，不应再有"文本分析"这个环节，最多可以是对本单元一组文章文本分析结论的梳理与回顾。

（二）处理好活动内容与活动形式的关系

评价课是对文本的思想情感内容进行分析、审视和权衡，这一课型的明显特点是鼓励学生大胆发表自己的看法，能够充分体现学生的主体地位，因此在设计时应充分考虑学生活动的规则和形式。

首先，活动不得远离评价的对象，也就是说，评价要紧扣课文文本，要建立在学生对已有文本的认知的基础上。在评价时要强调

思维的系统性，尽量避免片面，鼓励辩证看待事物；同时，任何评价，都必须基于证据，不得以扭曲文本本意的方式制造批评对象。

其次，不同的活动内容决定不同的活动形式。比如，对于本单元课文中最能体现文章主旨的句子，适合运用朗读的方式让学生加以回顾，从而深化情感体验；对于对本单元人文主题的深度和广度进行了拓展的新文本，适合运用讨论的方式探讨新旧文本在观点上的异同，并鼓励学生表达自己的观点。

（三）处理好学生活动形式与语文性内涵的关系

语文课的学生活动应具有语文性，应能提升学生在语文学科方面的素养（语言、思维、审美、文化四个维度），评价课也概莫能外。更准确地说，评价课当中学生的活动，不是一般意义上的听、说、读、写、演等形式，而更多地体现为思维的活动，尤其要关注学生思维活动与教学目标的关系。

1. 从思维的角度来说，对于《庄子与惠子游于濠梁之上》中庄子和惠子的思维方式孰优孰劣的比较，能够引发学生对于"直觉和逻辑"的思考，有利于提升思维的逻辑性和系统性；对于《陈涉世家》中陈涉在危急情况下的选择是否合理的探讨，能够启发学生在人生的关键时刻要学会博弈，有利于提升思维的灵活性；对于《杨修之死》中杨修死因的探讨，能够启发学生对"什么是人生智慧"这一问题的思考，有利于提升思维的深刻性和批判性。这些都是具有思维含量的课堂活动，是能够丰富学生的思想，让学生学会思考的具有语文性的学习活动。这也是通过语文来"树人（立德树人）"的关键部分。

2. 从审美的角度来说，对于《桃花源记》中"阡陌交通，鸡犬相闻"和"乃不知有汉，无论魏晋"等语句所显示出的安静、闭塞的美感，可以引导学生体会中国传统文化中较为典型的审美类型——农业社会所展示的安宁之美；对于《陋室铭》中"山不在高，有仙则名"等语句，可以引导学生学习文中展示的君子的建筑审美观，如此等等，这样的活动也是紧扣语文教学目标的。

3. 从文化的角度来说，《小石潭记》中彰显的儒家的价值取向，《爱莲说》中显示的"中庸之道"，《岳阳楼记》中展示的"胸怀天下"的抱负和格局，都是让学生理解和传承中华儒家文化的大好时机。这能有力地体现语文"以文化人"的教育功能。

在实际的教学中，以上各种角度的讨论，都必须依托于课文文本和依据讨论主题确定的拓展文本进行。任何讨论都不能放空炮。

总之，评价课中所有的学生活动，不能满足于外表的热闹生动，以及形式的标新立异，在设计时应首先思考活动的有效性、语文性，立足于学生思维品质的提升和语文素养的形成。我们应该始终牢记：我们上的是语文学科的评价课，而不是政治课、班会课、生物课、历史课。

四、单元整合融通课之评价课的基本步骤

整合融通课之评价课的基本模式为"主题导入—温故知新—拓展延伸—内化运用—课堂总结"五步。除去开头的导入和最后的总结,最重要的三个步骤是"温故知新""拓展延伸"和"内化运用"。

"温故知新"的精髓在于从复习旧知识中有新的收获或发现,这种收获离不开对于既有知识的重温。在这个步骤中,"温故"就是归纳梳理:复习本单元几篇课文的主要内容,对每篇文章的主题进行回顾;接着和学生一起找出本单元的人文主题,让学生的学习由此前的关注单篇走向对本单元一组文章共性的寻找,从中有新的发现,建立结构性思维,这就是"知新"。具体操作中,可用表格的方式完成。在此基础上,要结合具体课文,对单元的人文主题展开评价,让学生自由发表看法。认同或者不认同,均应有理有据。要允许学生提出多元的观点,尊重学生的个性,体现学生的主体地位。

"拓展延伸"则主要以类似于群文阅读的方式实现:精选几篇与本单元人文主题相近、立意有别甚至相反的课外文本(材料)让学生加以阅读,拓宽学生对这一主题认识的视野。目的是由课内走向课外,由"教方法"到"用方法",让学生对此话题初步形成自己的思想和判断,并为在后续的写作中表达自己的观点做好铺垫。

如果说,前面的两个环节让学生获得了对于单元内外一组文章思想内容的深刻认识,那么接下来的"内化运用"环节将承载着"整合融通"内涵中更重要的一方面——本单元所学知识与自身生活、现实世界的融通运用。学生运用刚学到的观念,去理解现实生活中的现象,在运用和理解过程中内化为自身观念,从而建构起他们对世界和人生的认识。

以前文分析出的九年级下册第三单元人文主题应该是"价值取

向的多元性"为例，在"内化运用"环节便可让学生思考自己有着怎样的价值取向，自己这一生想要成为怎样的人。再比如七年级下册第三单元探讨的是"小人物的生存状态"，在了解了《阿长与〈山海经〉》中没有文化的保姆阿长"善良而愚昧"、《老王》中的人力三轮车夫老王"善良与不幸"、《台阶》中作为中国最普通的农民的父亲对命运执着而无力的抗争，以及《卖油翁》中小人物卖油翁安于熟能生巧的生存技能以后，引导学生通过这些小人物去理解人在社会中的生存与命运，结合自身经验去体察当今社会中的小人物，并思考自己作为小人物该如何立身行事。这都是可以在"内化运用"环节设置的学生活动。"内化运用"环节是观念的建构过程，是"读书以明理"的过程，是语文教育人文性最集中、最鲜明的表现。

下面用一张图表展示一下评价课的几个基本步骤：

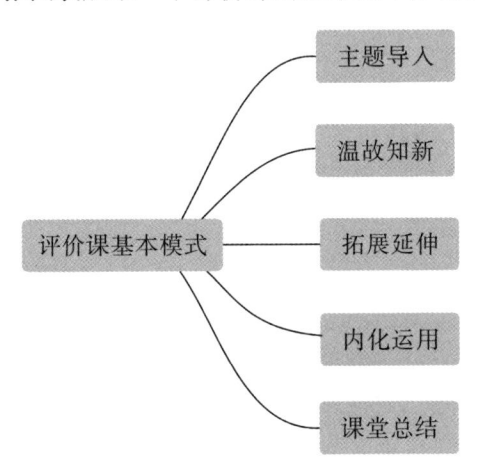

评价课基本模式
- 主题导入
- 温故知新
- 拓展延伸
- 内化运用
- 课堂总结

五、一堂评价课的教学设计展示

下面展示的是高新区大源学校八年级语文备课组在那次比赛中，集体构思的一堂整合融通课的教学设计。这个设计紧扣八年级上册第四单元的人文主题"伦理",基本依循了前文所提到的评价课"主题导入—温故知新—拓展延伸—内化运用—课堂总结"的五个步骤。

在"主题导入"环节,出示中国台湾著名散文家张晓风阅读散文的感受,意在让学生形成探索和寻觅散文中"知性的、有深度的真理"的意识,顺理成章地导入"温故知新"环节。

"温故"环节分为两部分:首先采用表格的方式,清晰简洁地从主要内容、主题回顾、伦理表现的侧重点三方面对本单元的五篇课文进行梳理,让学生从"分"走向"总",从单篇走向单元,关注到本单元主题"伦理"所揭示的不同维度。

这个步骤完成后,教师带领学生对本单元课文进行了再一次细读——勾画出每篇散文中具有伦理意义的语句,并加以深情朗读,让学生在此环节对于"伦理"的体验和认识更为细腻深刻。

下一步,把目光投向课文以外的文本,在"知新"(实质上是"拓展延伸")环节中,节选三篇与单元人文主旨相关的文本(朱自清的《儿女》、张晓风的《行道树》和劳伦兹的《对动物的恻隐之心》),运用群文阅读的方式,既有对"伦理"这一主题在人伦亲情、人与自我关系等方面的内涵的回顾,也有在动物伦理方面的拓宽,并引导学生在实际生活中建立正确的伦理观。

诚然,这个设计在学生活动形式的选择、群文文本的选择与优化等方面,还有很多可商榷之处。在几个环节的设计中,还存在着详略失当、操作生涩等问题。在实际授课中,可能还会出现学生对伦理的内涵是否能够接受等具体问题。但这样的尝试能够聚焦单元人文主题,聚焦一节课的主任务,绝无旁逸斜出,在对单元整合融通课内涵的理解和实际的操作方面,是可贵而有益的。

附：

"准则决定选择"

——统编教材八年级上册第四单元评价课教学设计

▣ 成都高新大源学校　詹　博　石　磊　张婷婷　李佳洁　陈禹彤

▶▶▶ 学习目标

1. 回顾五篇散文的主题，理解作者的伦理观
2. 通过品析群文，加深对伦理观的认识

▶▶▶ 学习重难点

通过品析群文，加深对伦理观的认识

▶▶▶ 学习过程

一、名言导入——出示中国台湾作家张晓风阅读散文的感受

著名散文家张晓风认为，在阅读散文时，读者希望读到以下的东西：

1. 希望读到好的文笔，好的修辞。
2. 希望读到对人生的观察和体悟。
3. 希望隐隐如对作者，想知道作者的生活、见识和心境。
4. 希望收获到"感性的感动"，也希望读到"知性的深度"。

【设计意图】

张晓风认为散文文字阅读的背后是要读懂作者，探索和寻觅知性的、有深度的真理。可以此为契机，引导学生更理性地深挖五篇散文的主题，以发现共同的单元主题。

二、温故——本单元课文回顾

篇目	主要内容	主题回顾	伦理表现的侧重点
《背影》	记叙了作者回家奔丧，与父亲在浦口车站分别的事情，突出了父亲的"背影"	父子情深：表现了深沉的父爱和作者的感动、理解与思念之情	人与人关系中的亲情伦理
《白杨礼赞》	描写"西北极普通"的白杨树	讴歌了西北军民团结抗战的伟大精神和意志，礼赞人的生命姿态和人格价值认同	人与自我、社会的关系（人与国家、民族的关系）
《散文二篇》	1. 热情歌颂永久的生命 2. 阐释"我"活着的意义和追求	对生命的赞美歌颂 对有价值人生的追求	人与自我成长的关系
《昆明的雨》	围绕"雨"，写了昆明的雨，雨中的景物，雨季中人的活动	对昆明生活的喜爱和想念，表现人情风俗对生命的安顿	人与环境（自然环境和社会环境）的关系

【学生活动】

1. 完成表格，复习回顾五篇散文的内容和情感。

2. 梳理归纳五篇散文的共同主题。

3. 讨论比较五篇散文所表现的不同伦理。

【设计意图】

1. 通过温故，唤起学生对单元的整体回忆，为下面的主题探究活动做铺垫。

2. 通过知新,整合不同类型散文的共同主题,挖掘作者的写作意图,读懂作者在处理相互关系中所建立、坚守的准则。同时,训练学生提炼和整合文本关键信息的能力。

三、温故——从伦理角度对文本的再品析

篇目	语句	品析
《背影》	他用两手攀着上面,两脚再向上缩;他肥胖的身子向左微倾,显出努力的样子。	祸不单行的处境中,对"我"百般细致呵护,爱得含蓄深沉,坚守着一个父亲对儿子和家庭的责任。
	我读到此处,在晶莹的泪光中,又看见那肥胖的、青布棉袍黑布马褂的背影。唉!我不知何时再能与他相见!	随着年龄和阅历的增长,"我"对父亲有了更深的理解、悔恨和感动,隔阂消融,成长成熟。
《白杨礼赞》	当你在积雪初融的高原上走过,看见平坦的大地上傲然挺立这么一株或一排白杨树,难道你就觉得它只是树?难道你就不想到它的朴质,严肃,坚强不屈,至少也象征了北方的农民?难道你竟一点也不联想到,在敌后的广大土地上,到处有坚强不屈,就像这白杨树一样傲然挺立的守卫他们家乡的哨兵?难道你又不更远一点想到,这样枝枝叶叶靠紧团结,力求上进的白杨树,宛然象征了今天在华北平原纵横决荡,用血写出新中国历史的那种精神和意志?	从白杨树的朴实风格、内在的美质,联想到共产党领导下的"北方的农民",守卫家乡的"哨兵"以及伟大的革命精神和意志,来表达自己昂扬向上、奋斗不息的人生追求。表现了作者对自我人格价值的认同,以及对国家、民族价值的追随。

续表

篇目	语句	品析
《散文二篇》	爱情和知识，尽其可能地把我引向云霄，但是同情心总把我带回尘世。……我渴望减轻这些不幸。	减轻人类的苦难，是作者思考"为什么而活"由浅到深的认识，这是在更高层次上实现人生价值，是作者大我意识与博爱思想的体现。
《昆明的雨》	卖杨梅的都是苗族女孩子，戴一顶小花帽子，穿着扳尖的绣了满帮花的鞋，坐在人家阶石的一角，不时吆喝一声："卖杨梅——"声音娇娇的。她们的声音使得昆明雨季的空气更加柔和了。	卖杨梅女孩柔美的动作、令人酥软的吆喝，使人对昆明雨季充满了神往。表达了作者对生活中景物美和人情美的欣赏与追求。折射出人与自然环境、社会环境的融洽相处。

【学生活动】

1. 勾画并品析每篇散文中表现作者伦理观的语句，写下阅读感受。

2. 按照自己体会的情感深情朗读。

【设计意图】

1. 通过品析文本语言，感受语言中蕴含的作者独特的情感和伦理观。

2. 通过朗读加深情感体验，培养学生细腻的感受力。

四、知新——拓展阅读（选文附后）

拓展阅读三篇散文《儿女》（朱自清）、《行道树》（张晓风）和《对动物的恻隐之心》（劳伦兹）的节选。

篇目	语句	品析	伦理观
《儿女》	我对他们只有惭愧！可是近来我也渐渐觉着自己的责任。我想，第一该将孩子们团聚起来，其次便该给他们些力量。	一个"不成材的父亲"由不成熟到成熟的心灵告白，表达了一个父亲对儿女深沉的思恋、疼爱和责任感。	人与人关系中的亲情伦理（责任担当）
《行道树》	有一个早起的孩子走了过来，贪婪地呼吸着鲜洁的空气，这就是我们最自豪的时刻了。是的，或许所有的人都早已习惯于污浊了，但我们仍然固执地制造着不被珍视的清新。	行道树把立在城市飞尘里的苦熬当成了神圣的事业，年复一年、日复一日地忍受着孤单寂寞。因为它们拥有为他人付出、默默奉献的信念。这是一种成就感和幸福感的体现。	人与自我的关系（自我价值的认同）
《对动物的恻隐之心》	猴子在受到禁闭的时候，情形更加可怜，尤其是所有类人的猿猴，它们是唯一的一种动物在受到关闭之后，会因为心灵上的损害而引起身体上的严重病态。尤其在它们独自被关在一个小笼子里时，病情就更严重了，有时甚至会因为无聊而死。	作者怀着一颗慈悲的恻隐之心，去描写聪明而有灵性的猿猴，同情它们被监禁在笼子里生活的不幸，理解它们强烈的自由欲望遭到遏制的内心痛苦。让我们也像劳伦兹那样尊重自然、爱护自然，并且试着去理解和保护身边的动物吧！	人与环境的关系（尊重自然、爱护自然、心存敬畏）

【学生活动】

1. 品读语句，感悟作者的伦理观，完成表格第四列的填空。可用"我从_____（细节）读出_____（伦理观点），理由是_____"的句式回答。

2. 读完这三篇文章，请结合实际谈谈你在处理亲情、处理与自我的关系、处理与动物的关系上有何新的启发或收获。

【设计意图】

丰富学生积累,拓宽阅读视野,加深对第四单元主题的理解。

五、总结升华

人活一世,如何与自我独处,与他人相处,与社会环境共处?我们在做出选择之前,都应该经过理性的思考,做出周全的考虑,最终遵循并坚守内心的准则,才能承担起我们人之为人的责任。

【设计意图】

通过总结,升华主题,引导学生在实际生活中建立正确的伦理观。

六、课后作业拓展

朱自清的《背影》里藏着父子亲情伦理的担当,茅盾的《白杨礼赞》中藏着自己的生命姿态和民族凝聚,汪曾祺的《昆明的雨》中藏着人情风俗中的生命安顿,那么在你的生活世界里还蕴藏着什么呢?

请以《藏在_____里的_____》为题,写一篇散文,写下你的思考或感动。

要求:①先补全题目,再完成作文;②自定立意,有真情实感;③字数不少于600字;④不得抄袭、套作;⑤不得出现真实的人名和校名。

【学生活动】

以《藏在_____里的_____》为题,写一篇散文。

【设计意图】

　　让学生走出文本，走进生活，代入自己，去思考日常生活中处理与自己、他人、社会、环境关系的准则，建立正确的人生观和价值观，做出正确的判断和选择，逐步达到"知性的深度"。

附文：

儿女（节选）

朱自清

　　十年前刚结婚的时候，在胡适之先生的《藏晖室札记》里，见过一条，说世界上有许多伟大的人物是不结婚的；文中并引培根的话，"有妻子者，其命定矣"。当时确吃了一惊，仿佛梦醒一般；但是家里已是不由分说给娶了媳妇，又有甚么可说？现在是一个媳妇，跟着来了五个孩子；两个肩头上，加上这么重一副担子，真不知怎样走才好。我是个彻头彻尾自私的人，做丈夫已是勉强，做父亲更是不成。实际上我是仍旧按照古老的传统，在野蛮地对付着，和普通的父亲一样。近来差不多是中年的人了，才渐渐觉得自己的残酷；想着孩子们受过的体罚和叱责，始终不能辩解——像抚摩着旧创痕那样，我的心酸溜溜的。有一回，读了有岛武郎《与幼小者》的译文，对了那种伟大的，沉挚的态度，我竟流下泪来了。

　　我结婚那一年，才十九岁。二十一岁，有了阿九；二十三岁，又有了阿菜。那时我正像一匹野马，哪能容忍这些累赘的鞍鞯，辔头，和缰绳？摆脱也知是不行的，但不自觉地时时在摆脱着。现在回想起来，那些日子，真苦了这两个孩子；真是难以宽宥的种种暴行呢！

　　阿九才两岁半的样子，我们住在杭州的学校里。不知怎地，这孩子特别爱哭，又特别怕生人。一不见了母亲，或来了客，就哇哇地哭起来了。学校里住着许多人，我不能让他扰着他们，而客人也总是常有的；我懊恼极了，有一回，特地骗出了妻，关了门，将他按在地下打了一顿。这件事，妻到现在说起来，还觉得有些不忍；她说我的手太辣了，到底还是两岁半的孩子！我近年常想着那时的光景，也觉黯然。后来孩子是多起来了，磨折也磨折得久了，少年的锋棱渐渐地钝起来了；加以增长的年岁增长了理性的裁制力，我能够忍耐了——觉得从前真是一个"不成材的父亲"。我想这大约还是由于我们抚育不得法；从前只一味地责备孩子，让他们代我们负起责任，却未免是可耻的残酷了！

　　正面意义的幸福，其实也未尝没有。正如谁所说，小的总是可爱，孩子们的小模样，小心眼儿，确有些教人舍不得的。阿毛现在五个月了，你用手指去拨弄她的下巴，或向她做趣脸，她便会张开没牙的嘴格格地笑，笑得像一朵正开的花。她不愿在屋里待着；待久了，便大声儿嚷。闰儿上个月刚过了三岁，笨得很，话还没有学好呢。他只能说三四个字的短语或句子，文法错误，发音模糊，又得费气力说出；我们老是要笑他的。他说"好"字，总变成"小"字；问他"好不好？"他便说"小"，或"不小"。我们常常逗着他说这个字玩儿。他有一只搪瓷碗，是一毛来钱买的；买来时，老妈子教给他："这是一毛钱。"他便记住"一毛"两个字，管那只碗叫"一毛"，有时竟省称为"毛"。这在新来的老妈子，是必需翻译了才懂的。他是个小胖子，短短的腿，走起路来，蹒跚可笑；若快走或跑，便更"好看"了。他有时学我，将两手叠在背后，一摇一摆的；那是他自己和我们都要乐的。

　　我的朋友大概都是爱孩子的。少谷有一回写信责备我，说儿女的吵闹，也是很有趣的，何至可厌到如我所说；他说他真不解。子恺为他家华瞻写的文章，真是"蔼然仁者之言"。我对他们只有惭愧！可是近来我也渐渐觉着自己的责任。我想，第一该将孩子们团聚起来，其次便该给他们些力量。我想我若照现在这样下去，孩子们也便危险了。我得计划着，让他们渐渐知道怎样去做人才行。但是要不要他们像我自己呢？近来与平伯谈起教子，他却答得妙："总不希望比自己坏啰。"是的，只要不"比自己坏"就行，"像"不"像"倒是不在乎的。职业，人生观等，还是由他们自己去定的好；自己顶可贵，只要指导，帮助他们去发展自己，便是极贤明的办法。

目前所能做的，只是培养他们基本的力量——胸襟与眼光；孩子们还是孩子们，自然说不上高的远的，慢慢从近处小处下手便了。这自然也只能先按照我自己的样子："神而明之，存乎其人。"光辉也罢，倒楣也罢，平凡也罢，让他们各尽各的力去。我只希望如我所想的，从此好好地做一回父亲，便自称心满意。——想到那"狂人""救救孩子"的呼声，我怎敢不悚然自勉呢？

（1928年6月24日晚写毕，北京清华园）

行道树（节选）

张晓风

有一天，一个炎热而忧郁的下午，我沿着人行道走着，在穿梭的人群中，听自己寂寞的足音，我又看到它们，忽然，我发现，在树的世界里，也有那样完整的语言。

我安静地站住，试着去理解它们所说的一则故事：

我们是一列树，立在城市的飞尘里。

许多朋友都说我们是不该站在这里的，其实这一点，我们知道得比谁都清楚。我们的家在山上，在不见天日的原始森林里。而我们居然站在这儿，站在这双线道的马路边，这无疑是一种堕落。我们的同伴都在吸露，都在玩凉凉的云。而我们呢？我们唯一的装饰，正如你所见的，是一身抖不落的煤烟。

这时，或许有一个早起的孩子走了过来，贪婪地呼吸着鲜洁的空气，这就是我们最自豪的时刻了。是的，或许所有的人都早已习惯于污浊了，但我们仍然固执地制造着不被珍视的清新。

立在城市的飞尘里，我们是一列忧愁而又快乐的树。

对动物的恻隐之心（节选）

劳伦兹

任何人只需到动物园去听听游客的谈话，就会发现一般人的同情心都表错了对象：那些最受人注意的动物，往往是最不需要同情、对牢笼生活适应得最好的动物；至于那些真正受苦的可怜虫，却得不到一点怜悯。一般人都喜欢同情在文学上大出风头的动物，像夜莺、像狮子、像老鹰。

那么，到底哪些动物在被俘后最值得同情呢？对于这个问题，我前面已经回答了一部分：第一种是那些比较聪明而有较高灵性的生物，它们心思活泼，时时都要动，而且它们还有许多内在的、非常强烈的欲望，是在笼子里或栏杆内不能满足的。就是外行人也知道，凡是在自然的环境里惯于到处走动的动物，都天生对运动要求得特别强烈。老式的动物园往往把狐狸和狼放在很小的笼子里，这些动物其实都是特别爱动的。动的欲望受阻，对它们而言不啻是酷刑，在被关的动物里面，要数它们最为可怜了。

另外还有一种惨象，一般到动物园参观的人很少注意到的，就是天鹅这一类的候鸟。它们和大多数水鸟一样，一到冬天，就想南飞。动物园通常把这类鸟翅上尖端的骨节剪掉，阻止它们飞离，这些鸟却很少理会得它们已经不能飞了，总是一试再试。

我很不喜欢看剪了翅膀的水鸟，因为翅膀被剪已经很是不幸，再看到它们一再徒劳地张翅欲飞，实在令人不忍。就算有些水鸟并不介意翅膀被剪，似乎生活得很正常，我还是由衷地可怜它们。

一般说来，剪了翅膀的天鹅似乎并没有什么不乐，如果照顾得好，它们也一样地孵卵、养育子女。但是一到变换季节应该迁徙的时候，情形就不同了：它们总是一次又一次地游到池塘里背风的那一面，这样，当它们御风而起的时候，整个池面都可以供它们起飞。同时，它们在试飞前互相呼唤的声音是这么嘹亮，以至于老远老远都可以听得清楚。可是，当这种壮观的场面一再地因为翅膀不全而草草结束的时候，就是心肠再硬的人看了也会心酸。

许多动物园的管理方法都不尽妥善，但是在里面受苦的动物中间，要以我前面说过的这些感觉灵敏的生物最为不幸了；可是去动物园参观的游客却很少可怜它们，甚至当这些本来极有智慧的动物因为长期被禁，而退化到白痴的地步的时候，也没有人闻问。

猴子在受到禁闭的时候，情形更加可怜，尤其是所有类人的猿猴，它们是唯一的一种动物在受到关闭之后，会因为心灵上的损害而引起身体上的严重病态。尤其在它们独自被关在一个小笼子里时，病情就更严重了，有时甚至会因为无聊而死。

我常常说，要把类人猿养得好，最要紧的，就是避免使它们受到因为监禁而引起的心灵上的苦恼，这话确实一点也不夸张。我的手头就有一本叶克斯论猩猩的妙书，他大概可以算是研究这一类类人猿的权威了；从他的书里可以得到一个结论：要维持这类类人猿的健康，心理的保健和身体的保健同样重要。不幸的是，现在仍然有许多动物园把类人猿一头头单独地关在很小的笼子里，这实在是一种残酷的行为，法律应该禁止他们。

第七章　八年级上册第三单元鉴赏课教学实践

一、任务驱动下的重返讲台

2021年4月初，我接到成都市高新区徐文娟一王亚兰语文名师工作室的邀请，为工作室的教师们执教一堂基于单元整合融通的鉴赏课。

评价课和鉴赏课是七种课型中的评价鉴赏课的双翼，二者都强调单元内几篇文章的整合。因为我在之前的文章《评价课：是什么？为什么？怎么做？》中基本呈现了评价课的模型和操作案例，所以这一次老师们很期待看到鉴赏课的清晰模样。从接到任务到走上讲台，中间仅有不到十天的准备时间，抛却当时本职工作本身的繁忙，于我而言，对鉴赏课的认识其实也不过是一个纸面上的概念，笼统而不具体，并不比一线教师们更有优势。要将它在众目睽睽之下呈现，对脱离讲台已久的我来说更是一个巨大的挑战。然而，这一概念既然经由我们提出，在课型分类的道路上做一位实践的先行者，确乎义不容辞。

在这个难以抗拒的任务的驱动下，我开启了与鉴赏课从理论到实践层面的亲密接触。上次给初中生们上课是多久之前，我已不能清晰记起，但我知道，研读文本和确定教学目标，远重于构想教学的细节和技巧。这是备课理所当然的第一步。

二、理性分析后的整合点选取

按照《追求更高品质的阅读教学——中学语文名师课例深度剖析》一书中对于评价鉴赏课这一课型的定义,鉴赏课是对文本的形式特征(艺术技巧、艺术特征)的评价,旨在培养学生鉴赏文本的能力。它主要以一个单元内部的整合来实现,且必须在文本分析结束之后进行。① 为了选取这一节课在鉴赏角度的价值点,我对现行初中语文统编教材进行了一番搜寻,发现教材中在鉴赏层面的教学选点,其实相当丰富。

(一)统编教材中的"品味语言"一览

根据众多"单元提示"和每篇课文课前的"阅读提示"以及课后的"思考探究"的内容,我形成了一个初步认识:统编教材编排的对于文本形式特征的学习,大多是从品味、欣赏语言的角度,主要体现为对各类文章语言的品析和揣摩(又可按照文体分为文学类、实用类)。六册书中在单元提示提及"品味语言"这一目标的单元多达 15 个,具体分布如下:

册别	单元	单元提示中的具体表述
七上	一	揣摩和品味语言,体会比喻和拟人等修辞手法的表达效果
七下	一	把握关键语句或段落,字斟句酌,揣摩品味其含义和表达的妙处
七下	五	体会如何运用生动形象的语言写景状物
八上	二	品味风格多样的语言,提高文学鉴赏能力
八上	四	反复品味、欣赏语言
八上	五	体会说明文语言严谨、准确的特点

---

① 罗晓晖,冯胜兰. 追求更高品质的阅读教学——中学语文名师课例深度剖析[M]. 上海:华东师范大学出版社,2020:4—5.

续表

册别	单元	单元提示中的具体表述
八下	一	品味作品中富于表现力的语言
八下	三	品味精美的语言
八下	四	品味四篇演讲词的语言
八下	五	揣摩和品味语言
八下	六	欣赏课文中精彩的语句
九上	六	了解古代白话小说的艺术特点
九下	一	感受诗歌韵律
九下	二	学习欣赏小说语言
九下	五	品味人物语言，揣摩台词含意

（二）八年级上册第三单元的单元特质

鉴赏课的实施存在一个前提：必须是在学生达成对文本充分的理解之后进行。鉴于当前的教学进度，我首先考虑的是在学生已学过的文章中进行"重奏"。从上文的表格可以清晰地看出，对于语言的品味，在初中语文统编教材的编排中，属八年级最为密集。因此，我将选点范围确定在八年级上册。

正如每个文本都有其文本特质，每个单元也有其组成的依据，从而形成这个单元的单元特质。文本特质与单元特质，都是教学设计的重要依据。我最终选择了八年级上册第三单元来设计一堂鉴赏课，是由这个单元内几篇文章的特质决定的。

本单元由《三峡》《短文二篇》（《答谢中书书》《记承天寺夜游》）、《与朱元思书》《唐诗五首》组成。在多年前对这几篇文章逐一进行单篇教学时，我曾有过一个深刻的印象，几届学生都曾感叹《答谢中书书》《与朱元思书》在背诵时容易搞混。究其原因，显然不止于题目中都有"书"字这一简单相似点，也不止于两篇文章都是南朝时文人所作，更重要的原因是其内容上都为描绘山水，其外在形式上都是骈偶句式较多，造成二者"相似度"甚高。除却两篇书信外，《三峡》一文书写山水、句式整齐的特点仍然很鲜明。三位作者同处南北朝时期，何不整合这三篇课文进行一堂"南北朝时期文章风格鉴赏"的教学呢？我很得意于自己的发现，打算开始教学设计。

不承想，得意总是如此短暂，内心的质疑很快纷至沓来。如果仅仅选择这三篇文章进行整合，就意味着对《记承天寺夜游》和《唐诗五首》的舍弃，这是否背离了"单元整合"的初衷？这是其一。"南北朝时期文章"对于初中生而言所学甚少，是相对陌生的领域；"风格"对于他们而言，更是个深奥的概念，这是给初中生讲授的课，而不是做课题研究、写学术论文，这个议题是否符合八年级学生的接受程度和认知水平？又该以怎样的方式讲授？这是其二。

在与罗晓晖老师进行探讨后，他的建议很快廓清了我眼前的迷雾：单元整合融通既可以是全部的整合，也可以是部分的整合，怎样整合主要取决于教学所需。就语言风格而言，《记承天寺夜游》是宋代随笔，和这三篇南北朝文章明显不同；而诗与文的文体界限明显，更是不可相提并论，这五首唐诗完全可以再单独进行一次整合。"风格"是一个宽泛的概念，就授课而言，可以具体到形成这种风格的要素，比如语言层面。

一语惊醒梦中人，一番探讨之后，我坚定地确定了"在内容上单元部分整合、在角度上鉴赏语言风格"的教学思路。

（三）雅，是语言学习的基本方向

文章风格虽不完全等于文章语言风格，但语言是最能体现文章风格的表征。自开始学习语文以来，学生们已经领略过各类文章的语言风格：朱自清语言的朴素规范，冰心语言的纯真优美，鲁迅语言的冷峻犀利，老舍语言的幽默平实，都可谓现代文学史上的面面旗帜。但是对于文言文的语言风格，学生们似乎还不曾有过集中审视和鉴赏的机会。

在罗晓晖老师和我合著的《文本解读与阅读教学讲谈》一书的《文言文的解读与教学》一章中，专门论及文言文与书面表达学习的关系。我们有一个鲜明的观点，"雅，是语言学习的基本方向"①。在语文课堂上学生应该学习的，是庄重雅致的语言，只有这种语言才能提升学生的语言品质，使其人生走向更高层次。

那么，什么是"雅"？如何做到"雅"？带着这样的疑惑，我试图在教材中本单元课文之外的"边角余料"中找到答案，以下语句引起了我的注意：

《三峡》"预习提示"——感受课文句式整齐、声韵和谐的特点
《短文二篇》"预习提示"——体会两篇文章不同的语言风格
《短文二篇》"思考探究"——比较两篇短文在句式、节奏等方面的不同之处
《与朱元思书》"思考探究"——体会吴均写景文章的特点

句式、声韵、节奏，都是达成语言之"雅"的要素，然而平仄、节奏对于学生而言，鉴赏难度较大，权衡之后我决定舍弃。就措辞而言，这三篇文章都有很多考究之处，关注"辞藻修饰"和"句式骈偶"可以作为教给学生欣赏典雅之美的两个路径。明确了方向，找到了路径，本节课的教学设计在我脑际渐渐浮现。

---

① 罗晓晖，冯胜兰. 文本解读与阅读教学讲谈［M］. 上海：华东师范大学出版社，2018：185.

三、鉴赏课教学设计之难点与要点

备课之难,最难处首推教学解读——要通过教师的独立解读去精准确定一节课的教学价值点。其次便是环节设计,它难在如何将文本解读的结论用恰当的教学方式和教学活动转化给学生。鉴赏课在当时尚属空白,在教学设计上没有任何前人的经验或模板可资借鉴,因此在本次授课前,我在此环节所思最多、耗时甚长、体会颇深,屡屡生出"不疯魔不成活"的感慨。"回首向来萧瑟处",现将其设计难点与要点的体会,归纳为以下几处:

(一)"温故"与"知新"的关系

评价鉴赏活动不能远离评价鉴赏的对象。因此,鉴赏课首先应用好单元内的几篇文章,这种"用好"不再是文本解读角度,而是传授鉴赏方法的角度——要选点精准。就本课而言,就是选取文中最能体现典雅之美的代表性词句,以此解析作者是如何达到这一效果的,让学生从中有所收获,可谓"教方法"。这是本节课教学设计中最需耗时的环节,要花时间带领学生去慢慢品味、仔细探究。只有学生在这里有所收获和发现,其后的"知新"才可能迎刃而解。因此,"温故"是依托,"新"在"温故"中。

(二)类文的确立标准

教方法固然重要,但它不是本课的最终目的,学会用课堂上学到的方法对类似篇章的语言风格进行鉴赏(也即"用方法"),才是目的。学生评价和欣赏的能力是否形成,需要用课外的文本来检验,因此类文的寻找是一个难点。类文应和课内文章在语言风格上高度相似、难度相近,且篇幅不宜过长,便于学生在课堂当中即有所发现。就统编教材的编排而言,编者在类文提供方面其实颇为用心,值得教师充分利用。

仅以七年级下册为例,如《黄河颂》"积累拓展"即推荐课外阅读《黄河大合唱》第三部分《黄河之水天上来》,《叶圣陶先生二三事》"积累拓展"推荐课外阅读吕叔湘的《怀念圣陶先生》,《紫藤萝瀑布》"积累拓展"推荐课外阅读宗璞的《丁香结》《燕园树寻》《好一朵木槿花》等写景状物散文,《伟大的悲剧》"积累拓展"推荐课外阅读茨威格《人类的群星闪耀时》一书中的其他精彩传记作品,如《滑铁卢的一分钟》《黄金国的发现》《越过大洋的第一次通话》等。这些类文要么在题材上和课文相近,要么在风格上和课文相似,都是进行拓展阅读的好材料。本次设计中选取的《与施从事书》《与顾章书》两篇文章,也是来自《与朱元思书》"思考探究"的题目中,可谓"得来全不费工夫"。

（三）类文的处理技巧

鉴赏课固然要引入类文,但对类文学习的重点,不能是达成文意的解读,否则就变成了文本分析课;而应直奔类文的形式而去。就这节课的定位而言,就是对语言风格特点的鉴赏。必须强调的是,对文本的理解是评价鉴赏的基础,因此势必在课前设置预习作业,让学生对补充的类文进行充分的预习和熟悉,授课前教师还需要对学生预习时在文意理解上提出的疑惑进行答疑,避免在授课时将更多时间耗费在文本分析上,这一点非常必要。

（四）鉴赏与写作的关系

毋庸置疑,鉴赏课通过对艺术技巧、语言风格的讨论,能够提升学生的审美能力,这种能力是写作所必需的。从更为长远的目标来看,鉴赏课的下一步就指向写作。但需注意的是,鉴赏课不能上成写作训练课。我在设计之初,就设计了让学生将现代散文当堂改写成文言散文的环节。经同行提醒后,我很快意识到这种读写结合的做法,已超出了鉴赏课的范畴,于是迅速调整,将改写环节前置,在课堂上呈现有代表性的几类改写作品,让学生通过对比阅读同学的改写，内化对"典雅"的认识。

四、鉴赏课教学的千般滋味

八易其稿的教学设计，两次仓促的磨课调整，2021年4月20日下午，我终于如期站上了久违的讲台。面对大源学校初2022级六班45个孩子信任和渴求的眼神，面对工作室几十名教师对于鉴赏课的殷殷期待，我通过"激趣导入、初识典雅""深入探究、揭秘典雅""迁移运用、内化典雅""总结升华、追求典雅"四个环节，带领孩子们走进了一堂以"聚焦典雅语言，鉴赏其审美特征"为教学目标的研究课。

（一）困惑——鉴赏词语是不是只有一种路径

"揭秘典雅"的第一个环节是鉴赏三篇文章中考究的措辞，我从三篇课文中各选择了一个例句，通过出示表格，请学生口头描述画面，并通过替换法体会用词的精准。

篇目	赏析例句	赏析点
《三峡》	清荣峻茂	形容词的精准
《答谢中书书》	晓雾将歇，猿鸟乱鸣；夕日欲颓，沉鳞竞跃	动词的感情色彩
《与朱元思书》	急湍甚箭，猛浪若奔	形容词和名词的搭配

在具体操作中，学生能够通过解释重点字词、翻译句子，并加入自己的联想等方式，把以上几个句子的画面描绘出来。为了品析"考究的措辞"，我进行了两次字词替换：第一次是句外替换——聚焦"夕日欲颓"中的"颓"字，设问"形容太阳下山的动词，还可以选择哪些"，学生们很快列举出"沉""下""坠"等动词，接下来就引导他们对比"颓"与这些动词的不同，从中发现"颓"字所包含的感情色彩。第二次是句内替换，把"急湍甚箭，猛浪若奔"替换为"猛湍甚箭，急浪若奔"，学生很快发现"猛"是侧重于形容气势的，"急"是侧重于形容速度的，替换之后不能和喻体匹配。

此外，在类文的赏析环节，我还设置了一次"替换法"来让学生体会文章用词的精准——《与顾章书》中"幽岫含云，深溪蓄翠"的"幽"字可否换为"静"字？

以上三次替换，虽然都达成了预期的目的，都能让学生体会到作者在用词方面的斟酌和推敲，但操作路径的单一，至今仍是我的困惑。

（二）惊喜——顺势而为重于一板一眼

课堂的魅力，似乎就在于它像一盒巧克力，你永远不知道下一颗是什么味道。这个场域不是教师一个人的独角戏，而是师生之间的对话、思维之间的碰撞。课堂于我的魅力，在于它是教师的教学主张得以彰显的最真实载体，我期待灵动的课堂，尊重学习的真实发生，因此很多问题我并未在做教学设计时就设置好所谓的"标准答案"。

比如，在对《三峡》《答谢中书书》《与朱元思书》三篇文章中的骈偶句式赏析结束时，我突然意识到，仅有求同，没有辨异，并非真正的比较，因此我顺势发问："相比之下，三篇文章之中哪一篇的语言不是那么典雅？原因是什么？"

孩子们带着这个问题，迅速沉潜到几篇课文当中进行再次浏览。通过自己的对比，他们很快发现骈偶句式的运用，在《三峡》《答谢中书书》《与朱元思书》三篇文章中并非分量均等，《三峡》的骈偶句显然不及另外两篇之绵密。追问下去之后，学生进一步发现了这是由于"书"与"注"这两种文体的差别。由此水到渠成地引出对类文"吴均三书"的学习，这也是之前的预设中没有的环节。这样的教学尊重了课堂的生成性。

（三）遗憾——对"藻饰"的体味浅尝辄止

"藻"，指美好的辞藻；"饰"，就是修饰。"藻饰"即用美好的辞藻去修饰描写的对象，在写景的古诗文中比比皆是。在这节课的末尾，我让学生总结两篇类文中"绝壁""孤峰""绿嶂""清川""森壁""幽岫""深溪""幽居"等词语的共同特点。学生在层层点拨下，渐渐发现这些词语都在描写作者眼中所见的美好景物，而其中形容词和名词的搭配有一定规律——比如"峰"都是用"孤"这种表示独一无二的词语来搭配，"壁"都是用"森""绝"这类表示高度的词语来搭配。我告诉他们，这就是"藻饰"。

这个环节虽然为学生展示了预设中的"藻饰"这一概念，但讲授明显有些生硬，主要方法是教师直接告知古诗词中"金风玉露"的"金""玉"、"兰舟"的"兰"等固定搭配，并没有给出时间和机会让学生结合自己的古诗文学习经历去探究发现。其实，在他们此前学习过的诗文中，这样的用词习惯并非偶然：《竹里馆》中"幽篁"的"幽"字，《春夜洛城闻笛》中"谁家玉笛暗飞声"的"玉"字，《浣溪沙》中"小园香径独徘徊"的"香"字，《采桑子》中"绿水逶迤"中的"绿"字，都是他们已经学习过的写景词句，如果能够在教学设计时对此进行一番梳理，再在此环节让学生自己去归纳发现，想必学生们对此概念的理解将更为深刻。

此外，在课堂教学语言上不够简洁，在板书呈现上不够严谨，在学生活动形式上不够丰富等，都是让这节课显得还不够成熟的几点遗憾。

五、结语——公开课的价值追问

对于这次鉴赏课的教学实践，我一直将它定位为"开创与探索"，因为它的实验性质，注定不可能考虑周全。更因为自己对于课堂的疏离，缺憾和生涩之处便愈发显得多。

但是，一堂公开课，就是自己教学和研究生涯中的一次关键事件：那些备受煎熬寻求教学目标的"高楼望断"，那些反复打磨、反复修改的"衣带渐宽"，那些在需要"薄发"时才倍觉"厚积"不够的深深自省，以及在此过程中收获众多同道中人毫无保留的真诚意见和极具建设性的调整方案，在"蓦然回首"的此刻，都是照亮我在鉴赏课这条荒野小径上开创前行的盏盏明灯。感谢这些灯光的指引和鞭策，让我更清醒地明白我将要抵达何方、该如何抵达。

课堂是最能体现教师教学主张和思考的阵地，也是最能历练教师教学技能的舞台。我试图通过自己的探索和反思，为此课型的后续实践者提供一些思路，为孩子们语文情趣和语言品位的发展、人文视野的提升埋下一颗种子。这颗种子未必能在当前的测试中立竿见影，但愿在多年以后，能成为他们语文学习经历中的雪泥鸿爪。

最后是一个简单的鉴赏课课型模式，仅供设计者参考。这个模式只是一个环节规划，真正的关键实际上还是每个环节中的具体内容。

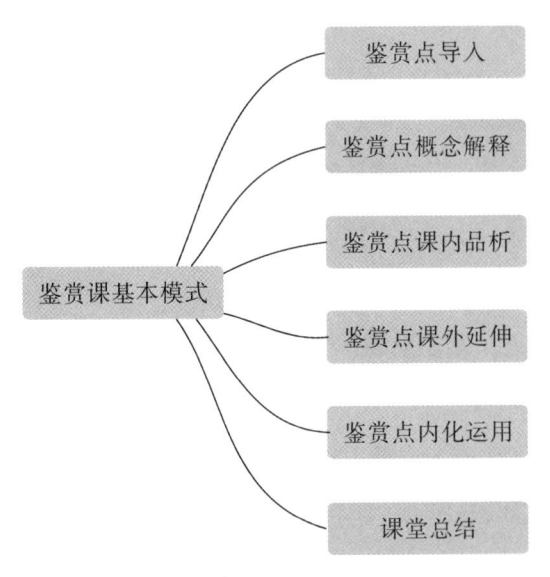

鉴赏课基本模式
- 鉴赏点导入
- 鉴赏点概念解释
- 鉴赏点课内品析
- 鉴赏点课外延伸
- 鉴赏点内化运用
- 课堂总结

附 1

典雅之美：遣词造句的艺术

——《三峡》《答谢中书书》《与朱元思书》鉴赏课教学设计

▶▶ 学习目标

聚焦典雅语言，鉴赏其审美特征

▶▶ 学习重难点

通过品析群文，加深对典雅语言的认识

▶▶ 学习过程

一、激趣导入，初识典雅

（一）选词评价

如果要你从以下词语中选择一个来评价这三篇文章语言风格的共同特点，你会选择哪一个？

（PPT 显示：华丽、质朴、典雅、诙谐）

预设：典雅。

（二）何谓"典雅"

你认为什么是典雅的语言风格，学生自由回答。

教师总结：典雅就是庄重规范，不俗气。其表现在遣词造句上的特征主要有两点：第一，句式的骈偶；第二，措辞的考究。一言以蔽之，就是"人工化的语言"。下面，我们就一起走进这三篇课文，看看作者是如何做到语言典雅的。

> 【设计意图】
> "典雅"的课题，却有着朴实的导入。对本课鉴赏点"典雅"的概念解释，是后续进行鉴赏的基础。

二、深入探究，揭秘典雅

（一）考究的措辞

展示以下表格，请学生口头描述画面，并通过替换法体会用词的精准。

篇目	赏析例句
《三峡》	清荣峻茂
《答谢中书书》	晓雾将歇，猿鸟乱鸣；夕日欲颓，沉鳞竞跃
《与朱元思书》	急湍甚箭，猛浪若奔

师：我们分别体会到了形容词的准确、动词的精妙、形容词与名词匹配的恰当。这是作者通过反复锤炼达到的规范而不俗气的效果。

（二）骈偶的句式

展示以下表格，请学生口头翻译，并总结这三个句子的共同特点。

篇目	赏析例句
《三峡》	朝发白帝，暮到江陵
《答谢中书书》	高峰入云，清流见底
《与朱元思书》	蝉则千转不穷，猿则百叫无绝

生：字数相同，结构一致，意思相对。

师：这样的句式，我们称之为骈偶句。请大家再在三篇文章中寻找一下类似的句式。

（三）类比阅读，鉴赏典雅

《与施从事书》

故鄣县东三十五里，有青山，绝壁干天，孤峰入汉；绿嶂百重，清川万转。归飞之鸟，千翼竞来；企水之猿，百臂相接。秋露为霜，春罗被径。风雨如晦，鸡鸣不已。信足荡累颐物，悟衷散赏。

《与顾章书》

仆去月谢病，还觅薜萝。梅溪之西，有石门山者，森壁争霞，孤峰限日；幽岫含云，深溪蓄翠；蝉吟鹤唳，水响猿啼，英英相杂，绵绵成韵。既素重幽居，遂葺宇其上。幸富菊花，偏饶竹实。山谷所资，于斯已办。仁智之乐，岂徒语哉！

1. 请学生概括这两篇小短文的大意。

2. 完成预习作业——两篇文章中，"绝壁""孤峰""绿嶂""清川""森壁""幽岫""深溪""幽居"等词有怎样的特点？

相机讲述"藻饰"的概念：藻，华丽的词语；饰，装饰。这种使用相对固定的、修饰性较强的词语的做法，就叫"藻饰"，这是一种文化习惯。

3. 完成预习作业——请从用词的角度赏析"幽岫含云，深溪蓄翠"中的"幽"和"翠"好在哪里。

（"幽"与"静"的区别，"翠"与"绿"的差异。氛围和质感。）

4. 小组讨论：通过"吴均三书"，简要总结"吴均体"的语言风格。

【设计意图】

"入其中,出其外",可谓本环节的两个阶段。首先教方法——考究的措辞、骈偶的句式。而后用方法去鉴赏类文的典雅,让学生体会"藻饰"这一写作习惯。

三、迁移运用,内化典雅

(一)对比赏析

请从语言典雅的角度对比赏析莎士比亚《你说你喜欢雨》现代诗版和文言散文版。

你说你喜欢雨,但是下雨的时候你却撑开了伞;你说你喜欢阳光,但当阳光播撒的时候,你却躲在阴凉之地;你说你喜欢风,但清风扑面的时候,你却关上了窗户。我害怕你对我也是如此之爱。

(ppt 展示改写后的第一节。)

你说烟雨微芒,兰亭远望;后来轻揽婆娑,深遮霓裳。

(二)展示研讨

展示学生课前作业改写的三个版本,请学生打分、说理由。

(三)展示分享

展示满分版本:

你说春光烂漫,绿袖红香;后来泪掩西楼,静立卿旁。你说轻风吹拂,醉卧思量;后来紧掩门窗,漫帐成殇。你说情丝柔肠,如何相忘;我却眼波微转,兀自成霜。

【设计意图】

从鉴赏古文的典雅再进一步,到鉴赏现代文的典雅,而且选取了学生自己改写的版本进行比较,极大地提高了课堂的关注度和参与度。

四、总结升华，追求典雅

（一）学生总结

通过今天的学习，你在做到语言的典雅方面有何收获？

（二）教师总结

文学是语言的艺术。希望通过今天的学习，你们能学会凝视他人遣词造句之精妙，力求自身语言表达之典雅。

【设计意图】

寥寥数语的学生自我总结，胜过教师千言万语的啰嗦。

附2

关于鉴赏课：由一个教学设计想到的①

这是一个并不典雅的标题，尽管我要谈论的这个教学设计的题目是"典雅之美：遣词造句的艺术"。相对于教学设计而言，我的分析并不典雅；但对于理解和把握鉴赏课，或许还是有价值的。

一、这是一个具有开拓性的教学设计

在我的课型分类构想中，文本分析课应与评价鉴赏课分开进

---

① 这是罗晓晖老师听此课后评课的记录整理稿，征得作者同意，附录于此。

行。文本分析课要尽可能摈除带有主观性的评价，以避免对文本信息的还原性理解构成干扰；评价鉴赏课则重在思想的建构和审美力的培养，此时不必拘泥于文本，重在主体精神的发扬。当然，无论是文本分析课还是评价鉴赏课，都必须始终保持理性，确保心智的清醒、分析的合理和判断的明智。

评价鉴赏课又分为评价课和鉴赏课两种。评价课侧重于对文本思想内蕴的发掘与评说，鉴赏课侧重于对文本艺术形式的分析与欣赏。鉴赏的本质就是对艺术形式的评价。

当前的语文教学中，课型杂糅的现象十分普遍。说得好听一点，是体现了语文课的综合性；说得难听一点，是语文课上得杂乱无章。独立成课的鉴赏课是几乎没有的。教学中固然有鉴赏的成分，但差不多都很支离破碎，随文取点，遇到比喻讲比喻，遇到炼字讲炼字，看不出系统性的教学构思；也几乎看不到对鉴赏对象的符合学理的深入分析，只要是比喻就说"生动形象"，只要是拟人就说"人格化"，终而至于滑向答题套路。这样的"鉴赏"，无法真正培养学生的审美力。

冯胜兰老师这个教学设计选择的是初中语文的一个单元，这个单元由《三峡》《短文二篇》（《答谢中书书》《记承天寺夜游》）、《与朱元思书》《唐诗五首》等篇目组成。这是鉴赏课，根据《三峡》《答谢中书书》《与朱元思书》三篇课文的语言特点进行了整合，鉴赏点是欣赏其语言的典雅之美。语文教师对"品味语言"这一说法非常熟悉，也致力于在教学中带领学生去品味语言；但是能像这样围绕一个语言风格主题展开系统性的语言品味学习，却未之多见。在我看来，本课的主要贡献在于，它开拓了"品味语言"教学的想象空间，对如何设计鉴赏课具有启发性的示范。

二、对鉴赏知识点的学理分析

每一个鉴赏点，都需要与艺术形式相关的知识来支撑。鉴赏课的备课阶段，教师在根据单元文本特质确定鉴赏点之后，就需要对相关知识进行研究。

本课涉及的知识是"典雅"。典雅是一个风格概念。那么什么是典雅呢？从"典雅"的构词上来说，"典"就是有典据，有根柢，有文化底蕴；"雅"就是纯正，规范庄重，不浅俗。我认为，这就是评判典雅与否的基本标准。

作为风格概念，刘勰和司空图都对典雅有所论说，而他们的看法并不一致。

关于典雅，刘勰是这样解释的："典雅者，熔式经诰，方轨儒门者也。"（《文心雕龙·体性》）刘勰的解释完全吻合"典雅"在构词上的含义。"熔式经诰"，就是要有典据，措辞雅正，符合法度；"方轨儒门"，就是思想内容符合儒家义理，庄重不俗。《文心雕龙札记》说"义归正直，辞取雅驯，皆入此类"，意思就是说，所谓典雅，不外乎文章所表达的意义要正确真实，所使用的语言要规范雅正。显然，刘勰心目中的"典雅"，是依据文化传统的权威所塑造出来的经典化表达范式。

刘勰的《文心雕龙》把文学风格分为典雅、远奥、精约、显附、繁缛、壮丽、新奇、轻靡八种，并把这八种风格分作具有对立互补意味的四组："雅与奇反，奥与显殊，繁与约舛，壮与轻乖。"

典雅——新奇

远奥——显附

繁缛——精约

壮丽——轻靡

在刘勰的分类中，典雅与新奇是相对的。什么是新奇呢？刘勰说，"新奇者，摈古竞今，危侧趣诡者也"，所谓"新奇"就是摒弃传统的表达范式，以新为贵，专求奇巧，意必矜创，词必研新。由此反观，我们可以确定：典雅是依循传统的而非刻意求新的，是措辞庄重的而非措辞新巧的。从审美印象上来讲，典雅是稳健保守的。

司空图的《二十四诗品》，对"典雅"是这样描述的：

玉壶买春，赏雨茅屋。坐中佳士，左右修竹。
白云初晴，幽鸟相逐。眠琴绿阴，上有飞瀑。
落花无言，人淡如菊。书之岁华，其曰可读。

司空图不是像刘勰那样使用学术性语言，而是使用艺术性语言来描述典雅，因而根据他的描述较难准确把握"典雅"的内涵。但我们仍然能够清楚地看出，司空图所理解的"典雅"，是优雅超然的审美意趣。与刘勰相比，司空图对于典雅之"典"相对忽略，而凸显了典雅之"雅"；而这个"雅"的含意也不再是儒家所指的纯正庄重，而是与世俗相对立的放纵野逸的情怀。

刘勰是南朝梁人，跟《三峡》《答谢中书书》《与朱元思书》三篇课文的时代相近。同时代的人的审美观念具有更高的相关性，因此，品鉴这三篇课文语言的典雅之美，采用刘勰的观点比采用唐人司空图的观点更为恰当。而作为古代诗文的赏析教学，当然要研究前人的定义，厘清概念的脉络，以期符合学理；但也不必太过拘泥，教学的宗旨，无非是在符合学理的前提下让学生有所收获。据此，我个人的意见是：刘勰所谓的"方轨儒门"，不必在乎；司空图凸显的不俗，则有可取。讲语言的典雅之美，重在分析品鉴书面语言的纯正有据、高雅精致。在这三篇文章中，骈俪的四言句法具有悠久的传统依据，是其一；词语的修饰，是汉赋以来汉语书面表达中重要的文化习惯，是其二。这两点在南北朝文章中的表现非常突出，应该是本课教学设计考量的重点。

整个教学设计在"典雅"这一知识概念上，大致是经得起推敲的。在教学设计之初，设计者把比喻、夸张等修辞手法也列入典雅的范畴，我认为有悖于学理，给出了删除的建议。因为很显然，比喻、夸张也可能造成新奇的风格效果，并不能决定语言的典雅与否。

三、鉴赏点的合理性

鉴赏课落实到怎样的鉴赏点来做，是由两个要点来决定的。一个是文本特质，一个是学生语文学习的发展需求。

关于单元课型分类，预习课、文本分析课、评价鉴赏课是最基本的课型（如有必要，还可加上文学史课和训练课）。这是依据学生认知发展规律，按照单元整合思路来构想的。这个课型分类，跟讲读、教读、自读、精读、略读、导读等传统课型概念迥乎不同。我认为传统课型分类是形式上的，不触及语文学习的实质性内容，因而不能对学生的语文学习造成实质性影响，很难发挥出不同课型应有的作用。

单元预习课、文本分析课、评价鉴赏课分开进行，各种课型目标清晰，章法井然；而最终构成覆盖单元学习各个方面的有机整体，共同促进学生语文素养的提升。在这些课型中，鉴赏课所处理的是阅读教学中涉及审美判断和审美品位的高级部分，这个部分与写作学习也具有高度相关性，因而鉴赏点的选择应相当慎重。

对于鉴赏点如何选择这一问题，语文教材尚不足以提供明确的答案。这需要教师自主研究。从这个教学设计来看，我认为语言的典雅之美这个鉴赏点，是相当合理的选择。首先，这符合本单元几篇课文的文本特质，这是明显的；其次，这也符合学生语文学习的发展需求——这个学段的学生需要开始建构关于语言风格的知识，而语言风格的理解需要先从典雅入手。

语言风格的学习，从典雅入手是最为合理的。刘勰说："童子雕琢，必先雅制。"又说："夫才量学文，宜正体制。"语言学习，先要掌握书面语言和表达规范；写作学习，必须以正确的体制、健康的风格作为基础。与较能凸显创造性的新奇相比，典雅未免显得保守；然而如果没有典雅作为基础，新奇则容易流于诡异险怪，从而养成病态的审美趣味。知"正"之后，乃可以求"奇"，进而"奇正相兼"；得"雅"之后，乃可以还"俗"，方能"雅俗共赏"。语文学习要先学会欣赏典范的书面表达，才能走上正确的道路。选择典雅作为鉴赏点，不仅能充分发挥这几个文本的教学价值，也有利于为初中生的语言品位奠定健康的基础。

就当今中学生的语言表达水平而言，典雅是相当欠缺的。不规范、不雅致的口水话，触目皆是。我们的学生做不到典雅，甚至不适应典雅，这是亟待解决的现实问题。我想，这也是这一教学设计选择"典雅"作为鉴赏点用意深远的表现。

四、补充意见

下面简要谈两点意见，作为补充。

第一，品鉴语言的典雅，引入"藻饰"这一概念，符合学理，非常明智。古典诗文中，像"兰舟""玉露""蛾眉"之类的语词，虽在今天看来似乎成了不值得鼓励的模式化"套板"，然而这也正是形成语言典雅印象的通行方式之一。我们应该知道，在语言学习阶段，这样的"套板"其实是具有极高的学习价值的，这是积累书面语言、理解书面表达的重要路径。

我认为，从相关文本中找出"绝壁""绿嶂""清川""森壁""孤峰""幽岫""深溪""幽居"等词语作为教学资源，这源于设计者对书面表达特征的高度敏感，值得充分肯定。而教师若能进而归纳出这些词语的共性，即名词前面总是存在一个修饰语以赋予该名词特定的审美印象，则更有利于引导学生体会词语藻饰的功能，以及古人书面措辞的文化习惯。

第二，用替换法体会用词的精准，这是很精彩的语言赏析教学，对学生无疑是有益的。但这是不是严格意义的典雅，或许可以商榷。

篇目	赏析例句	赏析点
《三峡》	清荣峻茂	形容词的精准
《答谢中书书》	晓雾将歇，猿鸟乱鸣；夕日欲颓，沉鳞竞跃	动词的感情色彩
《与朱元思书》	急湍甚箭，猛浪若奔	形容词和名词的搭配

在上面的表格中，赏析形容词的精准、动词的感情色彩、形容词和名词的准确搭配，都能有力地推进学生对语言表达效果的认识。不过在我看来，措辞的精准、词语的感情色彩和搭配的合理，固然显现出处理语言的匠心，但并不见得是语言典雅的必要条件。

总的说来，这个教学设计已经突破了当前语文教学常规，凝结着设计者对语文教学的深刻认识，具有重要的参考价值。毫无疑问，这样的教学一定是真正具有"语文味"的，能真实有效地促进对祖国语言文字的学习。我相信，沿着这样的思路走下去，一定能使得语文教学越来越接近它的本质。

第八章 文学史课：
对单元的结构化的宏观把握

——以八年级下册第六单元为例

《义务教育语文课程标准（2022年版）》第四学段（7～9年级）的"学业质量描述"中明确提出："能概括文学作品中的典型形象特征和典型事件，并归纳总结出一些文化现象，了解基本的中国古代文化常识。"① 罗晓晖老师在其讲解课型分类的文章中提出文学史课的价值是确定单元内各文本的文学史意义，深化对文学以及文学作为文化的组成部分的理解。文学史课具有知识获得、文学理解、文化理解等多重价值。通常，文学史课都与评价鉴赏有关。"文学史课的重要内容，是把经典文本、重要作家放到文学史框架下来讨论，通过这样的讨论，我们可以教给学生对作家更深刻的理解，培养学生对文学更具品位的鉴赏力。而这样的能力，会在学生的写作中发挥决定性作用。"②

在罗老师的课型分类理论中，文学史课和预习课、文本分析课、评价鉴赏课、训练课都是基于单元的教学课型，文学文本单元

---

① 中华人民共和国教育部. 义务教育语文课程标准（2022年版）[M]. 北京：北京师范大学出版社，2022：43.

② 源于罗晓晖老师发表在"语文渡 lxh"公众号上的文章《对文学史课的几点看法》。

通常需要有序、完整地执行上述五种课型，文学史课通常在预习课、文本分析课、评价鉴赏课都实施之后再开设。综观现行统编初中语文教材，具有开设文学史课之必要的单元数量众多，梳理之后共计十九个单元。概言之，文学类文本都可开设此种课型。本文以统编教材八年级下册（2017年12月第1版，2020年12月第4次印刷）第六单元的文学史课为例，简要描述对此种课型的价值理解、环节设置和操作规范。

初中语文统编教材可开设文学史课的单元一览表

序号	年级	单元	人文主题	主要篇目	名家名著
1	七年级上册	一单元	四季美景	1.《春》2.《济南的冬天》3.《雨的四季》4.古代诗歌四首(1)《观沧海》(2)《闻王昌龄左迁龙标遥有此寄》(3)《次北固山下》(4)《天净沙·秋思》	1.朱自清 2.老舍 3.曹操 4.李白 5.王湾 6.马致远
2		二单元	至爱亲情	1.《秋天的怀念》2.《散步》3.散文诗二首(1)《金色花》(2)《荷叶·母亲》4.《世说新语》二则(1)《咏雪》(2)《陈太丘与友期行》	1.史铁生 2.莫怀戚 3.泰戈尔 4.冰心 5.《世说新语》
3		三单元	学习生活	1.《从百草园到三味书屋》2.《再塑生命的人》3.《论语》十二章	1.鲁迅 2.海伦·凯勒 3.《论语》
4		六单元	想象之翼	1.《皇帝的新装》2.《天上的街市》3.《女娲造人》4.寓言四则(1)《赫耳墨斯和雕像者》(2)《蚊子和狮子》(3)《穿井得一人》(4)《杞人忧天》	1.安徒生 2.郭沫若 3.袁珂 4.《伊索寓言》5.《吕氏春秋》6.《列子》
5	七年级下册	三单元	凡人小事	1.《阿长与〈山海经〉》2.《老王》3.《台阶》4.《卖油翁》	1.鲁迅 2.杨绛 3.欧阳修
6		五单元	生活哲理	1.《紫藤萝瀑布》2.《一棵小桃树》3.外国诗二首(1)《假如生活欺骗了你》(2)《未选择的路》4.古代诗歌五首(1)《登幽州台歌》(2)《望岳》(3)《登飞来峰》(4)《游山西村》(5)《己亥杂诗(其五)》	1.宗璞 2.贾平凹 3.普希金 4.弗罗斯特 5.陈子昂 6.杜甫 7.王安石 8.陆游 9.龚自珍

续表

序号	年级	单元	人文主题	主要篇目	名家名著
7	八年级上册	二单元	生活的记忆	1.《藤野先生》2.《回忆我的母亲》3.《列夫·托尔斯泰》4.《美丽的颜色》	1.鲁迅 2.朱德 3.茨威格 4.艾芙·居里
8		三单元	山川之美	1.《三峡》2.短文二篇(1)《答谢中书书》(2)《记承天寺夜游》3.《与朱元思书》4.唐诗五首(1)《野望》(2)《黄鹤楼》(3)《使至塞上》(4)《渡荆门送别》(5)《钱塘湖春行》	1.郦道元 2.陶弘景 3.苏轼 4.吴均 5.王绩 6.崔颢 7.王维 8.李白 9.白居易
9		四单元	情感哲思	1.《背影》2.《白杨礼赞》3.散文二篇(1)《永久的生命》(2)《我为什么而活着》4.《昆明的雨》	1.朱自清 2.茅盾 3.严文井 4.罗素 5.汪曾祺
10		六单元	品格与志趣	1.《孟子》二章(1)《富贵不能淫》(2)《生于忧患,死于安乐》2.《愚公移山》3.《周亚夫军细柳》4.诗词五首(1)《饮酒(其五)》(2)《春望》(3)《雁门太守行》(4)《赤壁》(5)《渔家傲(天接云涛连晓雾)》	1.《孟子》2.《列子》3.司马迁 4.陶渊明 5.杜甫 6.李贺 7.杜牧 8.李清照
11	八年级下册	三单元	养性怡情	1.《桃花源记》2.《小石潭记》3.《核舟记》4.《诗经》二首(1)《关雎》(2)《蒹葭》	1.陶渊明 2.柳宗元 3.魏学洢 4.《诗经》
12		六单元	情趣与理趣	1.《庄子》二则(1)《北冥有鱼》(2)《庄子与惠子游于濠梁之上》2.《礼记》二则(1)《虽有嘉肴》(2)《大道之行也》3.《马说》4.唐诗三首(1)《石壕吏》(2)《茅屋为秋风所破歌》(3)《卖炭翁》	1.《庄子》2.《礼记》3.韩愈 4.杜甫 5.白居易
13	九年级上册	一单元	自然之音	1.《沁园春·雪》2.《我爱这土地》3.《乡愁》4.《你是人间的四月天——一句爱的赞颂》5.《我看》	1.毛泽东 2.艾青 3.余光中 4.林徽因 5.穆旦

续表

序号	年级	单元	人文主题	主要篇目	名家名著
14		三单元	游目骋怀	1.《岳阳楼记》2.《醉翁亭记》3.《湖心亭看雪》4.诗词三首(1)《行路难(其一)》(2)《酬乐天扬州初逢席上见赠》(3)《水调歌头(明月几时有)》	1.范仲淹 2.欧阳修 3.张岱 4.李白 5.刘禹锡 6.苏轼
15		四单元	青春年少	1.《故乡》2.《我的叔叔于勒》3.《孤独之旅》	1.鲁迅 2.莫泊桑 3.曹文轩
16		六单元	人物百态	1.《智取生辰纲》2.《范进中举》3.《三顾茅庐》4.《刘姥姥进大观园》	1.施耐庵 2.吴敬梓 3.罗贯中 4.曹雪芹
17		二单元	人物画廊	1.《孔乙己》2.《变色龙》3.《溜索》4.《蒲柳人家》	1.鲁迅 2.契诃夫 3.阿城 4.刘绍棠
18	九年级下册	三单元	家国之思	1.《鱼我所欲也》2.《唐雎不辱使命》3.《送东阳马生序》4.词四首(1)《渔家傲·秋思》(2)《江城子·密州出猎》(3)《破阵子·为陈同甫赋壮词以寄之》(4)《满江红(小住京华)》	1.《孟子》2.《战国策》3.宋濂 4.范仲淹 5.苏轼 6.辛弃疾 7.秋瑾
19		六单元	浩然正气	1.《曹刿论战》2.《邹忌讽齐王纳谏》3.《陈涉世家》4.《出师表》5.诗词曲五首(1)《十五从军征》(2)《白雪歌送武判官归京》(3)《南乡子·登京口北固亭有怀》(4)《过零丁洋》(5)《山坡羊·潼关怀古》	1.《左传》2.《战国策》3.司马迁 4.诸葛亮 5.岑参 6.辛弃疾 7.文天祥 8.张养浩

一、本单元选文的文学史知识概况

现行统编初中语文八年级下册第六单元选入了五篇文言文和三首唐诗,均系我国古代经典文本:《北冥有鱼》中的"鹏"、《马说》中的"千里马"形象在中华文化史上产生过深远的影响,至今为人们津津乐道;《〈庄子〉二则》和《〈礼记〉二则》皆为散文名篇,

《茅屋为秋风所破歌》《石壕吏》和《卖炭翁》同属唐代叙事诗的精品。这些选文有理趣，有诗情，闪烁着古人的思想智慧，表现了他们的悲悯情怀。

就主题而言，《北冥有鱼》和《大道之行也》描述对理想境界的追求，《马说》是韩愈"不平则鸣"之作，《庄子与惠子游于濠梁之上》展现的是直觉之于逻辑的胜利，《虽有嘉肴》论述了"教学相长"的道理，对教师和学生至今仍有启发意义。《石壕吏》抒发杜甫在动乱中的愤懑与无奈，《茅屋为秋风所破歌》表达其忧国忧民、推己及人的情怀，《卖炭翁》则表达白居易对劳动人民的艰辛和被不公正剥夺的深切同情。

从风格而言，《〈庄子〉二则》"善于运用寓言故事说理，想象雄奇瑰丽"（出自教材"预习提示"），句式以散句为主，灵活多变，体现庄子散文汪洋恣肆的风格；《〈礼记〉二则》"多运用对偶句，造成铺排效果，增强了文章的气势"（出自教材课后"思考探究"）；《马说》善于通过"也"等虚词的运用来调配语气，辅助情感表达。《石壕吏》和《茅屋为秋风所破歌》"均为杜甫在安史之乱中的名作，表现了诗人对战争的控诉和对民生疾苦的关怀，但具体的写作手法有所不同。《石壕吏》只是'客观'地叙述，并无情感、态度的直接表露；《茅屋为秋风所破歌》则先描述个人际遇，结尾处借助议论和抒情升华"（出自教材课后"思考探究"）。同为叙事诗，杜甫和白居易的写作手法也迥然不同：杜甫的叙事诗注重客观的陈述和描写，白居易的叙事诗善于通过对比等手法凸显主题。

二、本单元选文的文学史课价值

通过本单元文学史课的学习，既可以积累古代论说文、叙事诗等方面的文学知识和文化知识，培养评价鉴赏能力，也可以了解古代先贤的思想感情、志趣追求和智慧哲思，还能引发学生对社会现实的思考、对理想社会和自身价值的追求。具体而言，主要有以下三方面的价值。

（一）积累知识的价值：通过文学史课让学生获取相对完整的相关文史知识

在本单元的文学史课当中，可以依据《〈庄子〉二则》和《〈礼记〉二则》介绍先秦散文风格的不同，联系《马说》介绍中国古代散文从先秦到唐代的流变，还可将同为唐代大诗人的杜甫、白居易的同一体裁的作品用来介绍关于叙事诗的知识。这有利于较为系统地建构相关知识而避免知识获取零散化、碎片化，是单篇教学所不能达成的，属于单元整合教学的优势——能让学生在更为宏观的视野中了解古代散文的概貌，从更为客观的角度审视中国古代论说文的特征；能够更为系统地了解唐代叙事诗的发展状况并鉴别风格的差异。从教学角度来说，这种文学史课有故事，有对比，有鉴别，有评价，可以上得有趣有料，也可以上得深刻理性，可以让学生获得新的知识，增长新的见识。

（二）评价鉴赏的价值：通过文学史框架下的比较来提升审美判断力

单元教学中的文学史课，不能空谈文学史，必须回扣本单元文本，从文学史角度深化对单元内各个文本的认识。

在学完了本单元若干朝代、数位作者的作品后，可在文学史框架下，用"因文知人"的方法，探究这样一个问题：串联若干作者及其作品，你是否能从这些作品里感觉到或观察出这些不同时代或同一时代的作者各自不同的个性？所谓"文如其人"，意思就是作品的特色与作者的经历、性格、观念和审美倾向密切相关。这是可以从作品中大致看出来的。下面以杜甫和白居易的叙事诗为例进行简要比较,后文还将详细论述。

1. 题材和主题的差异

本单元选入的叙事诗包括杜甫的《石壕吏》《茅屋为秋风所破歌》和白居易的《卖炭翁》。从题材和主题角度而言,通过比较会发现,二者都关注人间苦难,这是相同的。不同的是,杜甫身处安史之乱,他的叙事诗表现了战乱期间的所见所感,白居易则否;由于身份的差异,杜甫的两首诗侧重表现个人的博大深沉的悲悯情怀,而白居易则因官员身份,侧重从政治角度出发表达自己怜民惜民的政治态度。

2. 语言风格的差异

白居易的叙事诗写作形式颇具特色,在乐府诗五言的基础上,他形成了叙事宛转变化、语言摇荡多姿的七言长篇叙事形式,被称为"长庆体"。在《卖炭翁》中,三言和七言相结合,句式长短协调,朗读时缓促相间,富于变化,既能很好地表现出作者情感的变化,激昂直率,又使得诗歌在句式上保持整齐,更为美观。而杜甫的《石壕吏》全为五言,《茅屋为秋风所破歌》是以七言为主的杂言,反映出杜甫在语言形式上的多方尝试。杜甫的这两首诗虽都比较易懂,但仍然追求凝练,跟白居易"老妪能解"的表达诉求颇为不同。

3. 叙事手法的差异

《卖炭翁》一文在叙事上采用了第三人称(又被称为"全知视角")的叙事视角,以"烧炭—运炭—夺炭—失炭"几个环节将故事的起因、发展、高潮、结局一一展现,情节完整。白居易在最惨酷的内容上往往是淡化的,对于宫使夺炭的情节并没有大肆展开,各部分着力较为均衡。《石壕吏》首尾叙事,中间为对话,杜甫在叙事上往往抓住故事中最残酷的现象去反映社会现实,有重点地描绘了官吏捉人的细节，对动作、神态、语言等都进行了铺染，展现了大肆征兵下百姓惨不忍睹的悲惨生活，用意鲜明，重点突出。

（三）促进写作的功能：借助文学史资源推动议论文写作的进步

文学史课应向写作延伸，使文学史上的思想资源和经典表达成为学生的写作资源。学生写作文，比如要写一篇以"胸怀"为主题的作文，杜甫和白居易的胸怀就是很好的材料。学生将来到了高中主要是写议论文，涉及人生价值、人生选择的话题，庄子、杜甫的作品里就有不少可挖掘的资源。所以，文学史课可以让学生获取丰富的写作资源，这对学生将来的发展很重要。

三、古代论述类文章的特点

本单元选入了《〈庄子〉二则》《〈礼记〉二则》和韩愈的《马说》五篇论述类文章，学生在八年级上册第六单元中学习过《〈孟子〉二章》这一类古代论述类文章，对于此类文章有了初步印象，这是向学生系统介绍中国古代论述类文章特点的极佳机会。纵观这五篇文章，都存在一个与现当代论述类文章迥然不同的显著特点——先秦文章重思想，有非常深刻的甚至带有鲜明原创性的想法；有论证意识但论述方法比较粗糙，多采用比喻、对比、排比等修辞意味浓郁的说理方式。到了唐代，《马说》的论述方法仍然沿袭比喻或类比说理的思路，论证的逻辑力量仍然有限。

（一）善用形象，富于理趣

庄子是道家学说的主要奠基者之一，生活在社会矛盾极其复杂的战国时期，社会动荡不安，他的理想抱负在现实中不能实现，无法获得生命的自由，于是他以追求精神的自由来逃避纷乱的现实。在这种背景下，他写出了天马行空、超然物外之歌《逍遥游》，运用鲲能够幻化为大鹏展翅高飞，能够从北冥这个无限远引到南冥另一个无限，还能居高空而具有人类不能达到的视角等意味着无限的、绝对自由的形象，来表达自己对绝对自由境界的向往。

《马说》源于作者韩愈年轻时曾几次上书给当朝宰相，希望得到重用，以展才智，却都被冷落的真实经历。全篇借千里马的形象表达观点、寄寓情感，借"千里马常有，而伯乐不常有"表达对封建统治者不识别人才、不重用人才、埋没人才的强烈愤慨。通过形象思维来引发思考，这种写作手法被称作"托物寓意"。《爱莲说》和《捕蛇者说》等名篇也运用了这种写法。

（二）对比鲜明，善用类比

在《庄子与惠子游于濠梁之上》中，我们能看到思维严密、逻辑性强的惠子和反应灵敏、情趣盎然的庄子之间的对比，告诉我们庄子对于这个世界的基本立场——人和外部世界存在一种超越逻辑的感应关系。从《虽有嘉肴》中，我们能看到从佳肴到至道的类比，总结出实践出真知的道理以及工作学习和实践的重要性。这样的写作手法在初中教材里其他的先秦论说文中也多有体现，如《曹刿论战》中见识短浅的乡人和"能远谋"的曹刿的语言对比，曹刿和鲁庄公的语言对比，曹刿在战前、战中和战后的语言对比，凸显出国家危难之时有担当的曹刿形象。《鱼我所欲也》中用鱼和熊掌来譬喻生与义，《邹忌讽齐王纳谏》中用家庭琐事来喻劝齐威王勇于纳谏，都是很好的例子。

（三）论述方法粗糙，论证的逻辑性有限

议论文三要素即：明确的论点，可信的论据，严密的逻辑推理论证。从本单元入选的五篇古代论说文来看，在推理论证过程这一点上存在较为明显的不足。

《北冥有鱼》并未提出作者的观点，主要表达方式是描写，只能从全文汪洋恣肆的想象和譬喻中去推断作者对精神自由的追求。本文属于选段，不能算作论述文本（尽管全文是论述性的）。另外几篇先秦文本具有论述文本特征，但多采用形象化方式和比喻、类比等手法，论述的逻辑性尚有欠缺，论证有效性尚待验证。

《马说》是唐朝的文本，在论证说理的逻辑严密性方面，仍然没有明显进展。《马说》仍然是形象化的。虽然文首正面提出了自己的观点"世有伯乐，然后有千里马。千里马常有，而伯乐不常有"，但接下来却是借食马者不识千里马而埋没千里马的故事，运用比喻委婉地说明道理，缺少对于"世有伯乐，然后有千里马"的道理论证，全文并无明显的推理过程。

四、古代叙事诗的文学史知识

我国古代诗歌中抒情诗占据主导地位，叙事诗是相对冷门的一个诗歌类别，虽也源远流长，但影响力远逊于抒情诗。本单元出现了三首叙事诗名篇，可借此机会，向学生介绍中国古代叙事诗的相关知识，既能拓宽学生视野，也能为高中阶段学习《琵琶行》《孔雀东南飞》等叙事诗打下良好基础。

（一）什么是叙事诗

《现代汉语词典》（第7版）对于叙事诗的定义是："以叙述历史或当代的事件为内容的诗篇。"[①] 也可以顾名思义将它解释为"用诗句讲故事的诗"。"叙事"和"诗"，是两个要素。

从内容来看，叙事诗与抒情诗的主要区别就在于前者是以写人记事为主，后者是以抒发某种感情为主。叙事诗既以写人记事为其

[①] 中国社会科学院语言研究所词典编辑室. 现代汉语词典［M］. 北京：商务印书馆，2016：1481.

主要内容，人物、情节、环境就是它的三个基本要素。《陌上桑》《木兰诗》《孔雀东南飞》《长恨歌》《琵琶行》等，较为集中地刻画一两个人物，较为完整地讲述一个故事、一件事情，可以说是典型的叙事诗。

（二）本单元的叙事诗及其特点

中国古典叙事诗滥觞于《诗经》。到了唐朝，诗歌鼎盛，叙事诗也取得较高的成就。如杜甫的叙事诗《兵车行》《自京赴奉先县咏怀五百字》和"三吏""三别"，白居易的《长恨歌》《琵琶行》等，在思想价值和叙事艺术上都相当杰出，具有鲜明的时代性和独特的文学性。

强烈的抒情性。中国古代叙事诗一开始就显示出很强的抒情性。这不但表现在早期篇幅短小的叙事诗作之中（如《诗经·卫风·氓》等），也表现在后起的一些长篇诗作之中（如白居易《长恨歌》《琵琶行》等）。本单元中几篇叙事诗都有显著的抒情性，如《石壕吏》中的"吏呼一何怒！妇啼一何苦"，《茅屋为秋风所破歌》中的"安得广厦千万间，大庇天下寒士俱欢颜"。可以说，鲜明强烈的抒情性是中国叙事诗的一个突出特点。

选材的典型性。由于文体的限制（诗必须符合诗体的要求，如押韵、对仗、字数等），叙事诗的选材，通常是故事里最有代表性的经典画面，也就是所谓典型环境中的典型场景。如《石壕吏》中"老妇出门看"的经典画面，官吏与老妇之间的神情、动作和对话给读者留下了深刻印象。

篇幅较为短小。这是跟古希腊、古印度规模宏大的叙事诗相对而言的。"中国诗歌以篇幅短小和情味浓郁著称，叙事在诗歌中虽不是一个被排除的因素，却常常是一个被淡化处理的因素。农业文明持续的地方，人类的活动空间通常比游牧文化和商业文明盛行的地方小得多，相对缺少故事，因而中国文学传统中叙事文学的薄弱是正常的。"① 一首简短的叙事诗，通常是由分处在一个故事里的从开始到结束的多个经典画面组成。如本单元《卖炭翁》中"烧炭—运炭—夺炭—失炭"的几个经典画面，都由寥寥几笔勾勒得活灵活现。

五、杜甫和白居易叙事诗的比较

首先，从叙事内容上看，杜甫的叙事诗表现了作者博大深沉的人文情怀，而白居易乐府诗多为政教态度，其叙事对象与他的谏官身份及日常政治生活态度有关。

以《石壕吏》中"有吏夜捉人"的"夜"字为例，为何不写白天而写夜晚捉人？仔细分析，可推断在那样的兵荒马乱之际，官府捉人已是常事，老百姓自然白天极尽躲藏，因此官府绞尽脑汁，趁百姓已经入睡之际来个突然袭击。这个简洁冷静的"夜"字，暗藏着杜甫对于官吏凶残无情的无尽憎恶和对百姓鸡犬不宁生活的无比同情。结尾处交代"天明登前途，独与老翁别"，同样蕴含了杜甫对于百姓悲惨遭遇的无限深情，老翁的心情如何，老妇的遭遇怎样，儿媳如何悲戚，杜甫都没有提及，反而留给读者无尽的想象空间，这就是作者博大深沉的人文情怀的充分体现。《茅屋为秋风所破歌》中"安得广厦千万间，大庇天下寒士俱欢颜！风雨不动安如山"更是直接体现出杜甫视民生疾苦为心头之痛的火热情怀。

白居易在《新乐府五十首并序》中说道："总而言之，为君、为臣、为民、为物、为事而作，不为文而作也。"这其中包含他创作的背景——当朝为官；把"为物""为事"的创作动机放在最后，具有君臣观念。深受传统儒家思想影响的白居易，其乐府诗创作大

---

① 罗晓晖. 罗晓晖诗词课［M］. 成都：四川人民出版社，2022：90—91.

部分篇目以家国时事为主，并未对事件的惨酷色彩着力下笔。

其次，在叙事人称方面，白居易整体上以第三人称叙述。对非现场情况的叙述，如"伐薪烧炭南山中"，无疑是第三人称的；但在对卖炭翁外貌（如"满面尘灰烟火色，两鬓苍苍十指黑"）、行为进行叙述时，叙述者作为现场观察者，带有强烈的第一人称意味。杜甫在《石壕吏》中则是以第一人称，即亲历者视角叙述。

六、文学史课教学设计之难点与要点

"备课之难，最难处首推教学解读——要通过教师的独立解读去精准确定一节课的教学价值点。"这是我在当初"开天辟地"设计并执教鉴赏课之后的肺腑之言。这次再次设计史无前例的文学史课，感觉其难度绝不亚于当初的鉴赏课。什么是文学史课？为什么要上文学史课？怎样选择其教学点？都是在本次设计之中无数次萦绕于心最终柳暗花明的问题。"回首向来萧瑟处"，现将其设计难点与要点的体会，归纳为以下几处：

（一）单元的大视野与单篇的深解读

文学史课不是单纯地讲授文学史，不能远离本单元的作家、作品。因此，首先应对单元内的所有文章进行深入解读和比较，以寻求教学点，尤其是对每篇文章的写作特点有着深入的了解。

文学史课选点之难，就在于它是在预习课、文本分析课、评价鉴赏课结束之后的整合学习，需要结构化的单元大视野。就本单元而言，所有关涉文言字词的知识和关于单篇文本结构、艺术手法的分析，都不属于文学史课的教学内容。要寻找到单元文学史课的恰当教学内容，需要对单元内全部文本包括单元导读、课后习题、助读材料进行毫无遗漏的再次阅读。本教学设计中第三个环节"对比分析：以五篇说理文为例管窥中国古代论述类文章的特点"就得益于对于"单元导读"的再次阅读；第二个环节的第三步"探究学习"也得益于对于教材"思考探究"和"积累拓展"部分的整合利用。

（二）资料补充的时机把握

毋庸置疑，文学史课必然涉及对单元内相关的文学史知识、文化常识进行整合学习，这些知识需要教师的介绍。但如何精当地选取相关知识，以及如何避免灌输式地将知识传递给学生，是授课教师在课前需要下功夫的地方。以本单元为例，在整个初中语文教材中，虽然学生在七年级下册已经接触过叙事诗《木兰诗》，但在单元内一次性接触三首叙事诗却是首次，因此有必要将中国古典叙事诗的相关知识加以系统的简要介绍。同样，因为这已经是八年级的最后一个单元，学生将很快学习议论文，所以有必要将古代论说文的特点进行一次总结梳理，为下一步九年级学习议论文奠定基础。

（三）文学史课与写作的关系

本文开头即谈到，文学史课"可以教给学生对作家更深刻的理解，培养学生对文学更具品位的鉴赏力。而这样的能力，会在学生的写作中发挥决定性作用"。文学史课通过对艺术技巧、语言风格、人生选择、文化现象的讨论，能够提升学生的评价能力和审美能力，这种能力是写作所必需的。

从我们课型分类的观点来看，文学史课的下一种课型就是训练课，训练课中就包括写作训练课。因此在本堂课的最后环节设置的三个延伸内容，其实都指向写作。第一个任务"走进故事识庄子"能够让学生增加对道家及庄子人格的了解，获得写作所需要的思想资源；第二个任务"比较古代论说文与现代论说文在论证手法上的区别"，有助于学生理解议论文，学写议论文，重视论证过程；第三个任务"比较中国古代叙事诗和抒情诗的区别"，有助于学生对文学手法的理解和运用。

附：

诗与思——统编教材八年级下册第六单元文学史课教学设计

学习目标

知识目标

1. 了解庄子、韩愈、杜甫、白居易的生平经历及文学成就
2. 积累关于叙事诗和抒情诗的基本知识
3. 了解中国古代论述类文章的特点
4. 了解中国古代叙事诗的特点

能力目标

1. 在探究性学习中发展语文学科思维
2. 在评价中提升鉴赏能力

学习安排

预计150分钟，可相机调整

学习对象

八年级学生

>>> 学习过程

一、温故知新：八年级下册第六单元散文回顾

通过本单元散文的学习，我们发现古人的精神世界丰富多彩，既有对精神自由的渴望，又有对理想社会的向往；既有"不平则鸣"的呐喊，又有对民生疾苦的同情。学完了本单元的五篇散文，请用一个词概括你学习后最深刻的印象，可以是主题方面的，可以是风格方面的，也可以是其他方面的，并说说选择这个词的理由。

序号	课文	感受	理由
1	《北冥有鱼》	示例：奇幻、想象丰富	略
2	《庄子与惠子游于濠梁之上》	示例：机智、睿智	
3	《虽有嘉肴》	示例：教学相长、对偶、排比、类比说理	
4	《大道之行也》	示例：世外桃源、大同社会	
5	《马说》	示例：托物寓意的写法、怀才不遇、壮志难酬	

【设计意图】

文学史课的要点是比较与透视：对不同时期、不同作者、不同流派的文学文本加以联系和比较，联系和比较的基础是文本分析和评价鉴赏已经基本到位。设计这个环节，主要是为了检验学生在文本分析和评价鉴赏课中所学，并自然迁移到"因文知人"的下一环节。

二、因文知人：探究作品与时代和作家的关系

为何大家会对以上文章有这样的印象呢？你是否能从这些作品里感觉到或观察出这些作者各自不同的个性？所谓"文如其人"，作品的特色与作者的经历、性格、观念和审美倾向密切相关。"文"

包含着作者的体验、思想、态度和情感，传递着作者的生命气息。下面我们就一起来走近这些文章的作者，了解其人生经历和生活背景吧。

（一）文学常识介绍

【资料补充1】

庄子是战国时哲学家，名周，我国古代伟大的思想家、哲学家、文学家。庄子是道家学派的代表人物，老子哲学思想的继承者和发展者，庄子学派的创始人。后世将他与老子并称为"老庄"，他们的哲学被称为"老庄哲学"。庄子的代表作品为《庄子》，其中名篇有《逍遥游》《齐物论》等。

庄子生活在社会矛盾极其复杂的乱世，诸侯征战不已，暴君杀人如麻。他的志向和抱负在现实中不可能实现，于是他以追求精神的自由来逃避纷乱的现实。正是在这种背景下，他写出了天马行空、超然物外之歌《逍遥游》，其中《北冥有鱼》中的"大鹏"能居于高空向下俯瞰，具有人类不能达到的视角。这神奇的想象已经超脱了人世间的景象，体现了他追求绝对精神自由的思想。这个大鹏形象对中国文化影响甚为广泛，比如深受《庄子》影响的李白就曾作《大鹏赋》和《上李邕》，以大鹏自比；宋代女词人李清照在抒发自己非凡的抱负时，也有"九万里风鹏正举。风休住，蓬舟吹取三山去"的呼喊。

庄子追求"天地与我并生，而万物与我为一"（《庄子·齐物论》），这种观点在《庄子与惠子游于濠梁之上》得到充分体现，我们不必斤斤计较于逻辑的合理性和论辩的技巧，而可以从二人在思想、性格、气质上的差异来看待这段对话。惠子属于名家学派，好辩，对于事物更多是一种寻根究底的认知态度，缺乏美学意义上的欣赏与观照，对于在自由活泼的生命中由衷地感受到愉悦的庄子自然也就缺乏理解与认同。《庄子与惠子游于濠梁之上》反映出庄子淡泊名利，更向往自由，有自己的理想追求，为人比较理想主义；惠子热衷于入世，为人比较理性。

【资料补充2】

《礼记》又名《小戴礼记》《小戴记》，成书于汉代，相传为西汉经学家戴圣编纂。《礼记》是中国古代一部重要的典章制度选集，共二十卷四十九篇，书中主要写先秦的礼制，体现了先秦儒家的哲学思想、教育思想、政治思想、美学思想，是研究先秦社会的重要资料，是一部儒家思想的资料汇编。《礼记》中记载的古代文化史知识及思想学说，对儒家文化传承、当代文化教育和德性教养，及社会主义和谐社会建设有重要影响。其中的《学记》较为系统地阐述了教育的目的、教学的原则和方法、教学制度、教师的地位和作用等，篇中强调尊师重教、教学相长、循序渐进、触类旁通、师德师风、择师之道等。

【资料补充3】

《马说》写于唐德宗贞元十一年（795）至十六年（800）之间。当时韩愈初登仕途，不得志，曾经三次上书宰相求擢用，但结果是"愈之待命，四十余日矣。书再上而志不得通"，"足三及门，而阍人辞焉"。尽管如此，韩愈仍然声明自己"有忧天下之心"，不会遁迹山林。后来，他依附于宣武节度使董晋、武宁节度使张建封，又相继进入一些节度使幕下，因当时朝中奸佞当权，政治黑暗，才能之士不受重视，故韩愈始终郁郁不得志。

（二）回扣单元课文

1. 因文知人

问题：你能从下列文章中推测出作者是一个怎样的人吗？试试看。

《庄子》作者：纯粹的理想主义，恢宏的想象力中的浪漫情怀，超越意识。

《礼记》作者：不脱离现实的理想主义，对现实的关注，理智的思考。

《马说》作者：关注现实，愤激的情绪特征，可能的偏执。

2. 补充资料和课文的联结

言为心声，对几位作家生平和创作背景的了解，可印证文本与作者和时代都有着不可分割的联系：庄子身居乱世因而期冀逍遥和自由，韩愈因郁郁不得志而呼唤伯乐识马。因为有着人类普遍意义上的追求，他们的作品才能代代相传，影响极大。比如对中国文化影响广泛的大鹏形象，至今仍活跃在我们的书面和口头表达中，诸如"鲲鹏展翅""鹏程万里""扶摇直上"等成语；又比如"玉不琢，不成器；人不学，不知义""时过然后学，则勤苦而难成"等名言警句。

（三）探究学习——分组完成

下面分组完成教材中的三个拓展学习，加深对这五篇散文的理解。

1. 完成《〈庄子〉二则》"积累拓展四"——《上李邕》的学习。

2. 完成《〈礼记〉二则》"积累拓展五"——《礼记·学记》中名言警句的理解。

3. 完成《马说》"思考探究四"——阅读《资治通鉴·唐纪八》（节选），并结合课文写一段文字，谈谈对人才问题的看法。

【设计意图】

本环节分为三个步骤，层层深入。

第一个步骤为知识积累，主要介绍庄子、韩愈的人生经历和写作背景,以及《礼记》的历史地位。第二步骤是对第一环节的总结,意在印证文本与作者和时代都有着不可分割的联系。在这个环节才补充关于作家、作品的知识,这和课型分类理论所倡导的"不宜在文本分析之前介绍关于作家、作品的文学史的知识"要求相吻合。由于文学史课是在文本分析课和评价鉴赏课已经完成后进行的,这时候学生对单元内各文本已有充分的了解,再来补充相关文学知识,引导学生根据相关背景知识对各个文本的思想与表达进行观察与分析,有助于帮助学生体会、印证相关作者是一个怎样的人。第三个步骤是在熟练掌握课内内容的前提下,进一步锻炼和提升自主阅读能力。《〈庄子〉二则》"积累拓展四",《〈礼记〉二则》"积累拓展五"和课后的补白,《马说》"思考探究四",都是完全可资利用的拓展阅读材料。在具体操作中,教师还可以提供一定的材料、路径和指导。

三、对比分析:以五篇说理文为例管窥中国古代论述类文章的特点

(一)对比归纳

下面的表格罗列了本单元五篇论说文在论证方面的特点,对比归纳出中国古代论述类文章的特点。

序号	课文	论证的特点
1	《北冥有鱼》	善用形象、想象丰富
2	《庄子与惠子游于濠梁之上》	对比鲜明
3	《虽有嘉肴》	对偶、排比、类比说理
4	《大道之行也》	直接提出和陈述想法
5	《马说》	托物寓意的写法

（二）明确

1. 善用形象，富于理趣
2. 对比鲜明，善用类比
3. 论述方法粗糙，论证的逻辑性有限

> 【设计意图】
>
> 　　本单元的单元目标中提出"学习古人论事说理的技巧"。文学史课需要通过结构化的比较与透视去教给学生论事说理的技巧，这一环节的设计意在充分培养学生的比较鉴别能力，前两个特点如果教师引导得法，学生不难发现。难点在于第三点——中国古代论说文也有其明显短板，引导学生要一分为二地看待。我们毕竟不能苛求古人，因此学会辩证的眼光最为重要。这个环节还能为学生在九年级学习议论文打下一定的知识基础。

四、温故知新：八年级下册第六单元叙事诗回顾

（一）回归课文

学完了本单元的三首叙事诗，请用一个词概括你学习它们后最深刻的印象，可以是主题方面的，可以是风格方面的，也可以是其他方面的，并说说选择这个词的理由。

篇目	感受	理由
杜甫《石壕吏》	示例：客观叙述、构思精巧	略
杜甫《茅屋为秋风所破歌》	示例：借助议论和抒情升华、环境描写	
白居易《卖炭翁》	示例：同情百姓、人物形象刻画	

（二）以三篇叙事诗为例，了解中国古代叙事诗发展历程及其特征

【资料补充1】什么是叙事诗

我国古代诗歌中，抒情诗占据主导地位，叙事诗是相对冷门的一个诗歌类别。

《现代汉语词典》（第7版）对叙事诗的定义是"以叙述历史或当代的事件为内容的诗篇"，也可以顾名思义将它解释为"讲故事的诗"。

从内容来看，叙事诗与抒情诗的主要区别就在于前者是以写人记事为主，后者是以抒发某种感情为主。叙事诗既以写人记事为其主要内容，人物、情节、环境就是它的三个基本要素。

【任务】请以上述资料来分析本单元三首叙事诗是否是典型的叙事诗。

【资料补充2】叙事诗的发展与特点

本资料具体内容详见前面的正文。

【任务】请说明《石壕吏》《卖炭翁》的抒情性。

本单元的几首叙事诗跟七年级下册学过的《木兰诗》相比，有什么不同的特点吗？

【设计意图】

　　本环节与第二环节的设计意图接近，但补充的内容有别。知识积累部分主要介绍叙事诗的定义及要素、叙事诗发展历程、叙事诗特点，仍然是为了帮助学生更为宏观地了解中国古代叙事诗的概貌，避免只知局部，不知整体。

五、文学史角度的比较鉴赏：杜甫和白居易叙事风格的差异

（一）完成对比

请大家以三首叙事诗为例，从以下角度填写表格。

篇名	叙事内容	情节选取	叙事人称	表达方式	情感
《石壕吏》				以叙述为主	同情人民疾苦却无能为力
《茅屋为秋风所破歌》				以叙事为主，兼有议论抒情	由个人茅屋为秋风所破联想到天下寒士，体现出广济苍生的博大胸怀
《卖炭翁》					
总结					

（二）寻找依据

首先，从叙事内容上看，杜甫的叙事诗表现了作者博大深沉的人文情怀，而白居易乐府诗多为政教态度，其叙事对象与他的谏官身份及日常政治生活态度有关。

其次，杜甫的叙事诗善于抓住情节中最惨酷的现象反映时事，而白居易在最惨酷的内容上有所淡化。《石壕吏》中暗淡、惨酷、忧郁的氛围甚浓，挥之不去。《茅屋为秋风所破歌》中"安得广厦千万间，大庇天下寒士俱欢颜！风雨不动安如山"体现出杜甫视民生疾苦为心头之痛的炽热情怀。

第三，在叙事人称方面，白居易采用了第一人称叙述与第三人称叙述，存在第三人称和第一人称的双重视角。杜甫很少采用人称的变换。

（三）归纳小结

从叙事内容上看，杜甫的叙事诗表现了作者博大深沉的人文情

怀，而白居易乐府诗多为政教态度，其叙事对象与他的谏官身份及日常政治生活态度有关。

【设计意图】
　　本环节是本堂课的难点，在操作时有两种路径，如果学生水平较高，可由学生自己提出比较角度；如果学生水平一般，可由教师为学生搭好框架（即表格）。这里值得一提的是，尤其要引导学生关注教材"思考探究"的三道题目和补白的内容，其中已经很好地概括了三首诗的特点，学生可从中提取关键词。

六、拓展延伸

完成以下任务：

1. 走进故事识庄子：补充《庄生梦蝶》《鼓盆而歌》两篇短文，请学生归纳，从中可以看出庄子是个怎样的人。

2. 补充梁启超《敬业与乐业》文本，请学生比较古代论说文与现代论说文在论证手法上的区别。

3. 请学生回顾进入初中以来学过的杜甫和白居易的抒情诗《江南逢李龟年》《望岳》《春望》《钱塘湖春行》，完成一篇论述中国古代叙事诗和抒情诗有何区别的小论文。

【设计意图】
　　本环节是课堂学习内容的拓展延伸，主要目的有三：第一个作业意在增加学生对庄子立体化的了解；第二个作业意在将课堂所学的中国古代论说文的特点与今后即将学习的现代议论文的特点进行初步的比较；第三个作业意在勾连旧知，培养学生的审美和辨析能力。

第九章 训练课的实施

一、训练课的概念梳理

(一) 从"训"字说起

"训"在金文中是会意字,从人,从二言,从川,会谆谆教导使人心思如川流般顺畅之意。《说文解字》中说:"训,说教也。"段玉裁注:"说教者,说释而教之。必顺其理。引申之凡顺皆曰训。"说教顺理,有如川流,这就是"训"。

从字的释义可以看出,训的本义是教导、教诲,能够达到"使人心思流畅"的教诲才能称之为"训"。训练的"训",也就是教授方法,具有示范的效果,使人心思流畅。

(二) 什么是"练"

"训练"不同于"练习",一字之差,其间最大的区别在于这节课的目的是否只是让学生做练习。做练习固然是对的,练的目的在于过手。知识能否过手,主要取决于两个重要条件——一是教师是否提供了方法和范例;二是学生是否能够迁移运用这些方法。前者靠的是教师对于训练的研究水平,后者靠的是学生对于自己认知的认知(也可称为"元认知")水平,也就是说,学生能够有自我检查的意识,并通过这样的检查来反观自己的思维过程,确认自己的训练是否达到了预期目标。

(三)"课"之为"课"

和预习课一样,既然是"课",那就必须在课堂上发生,必须在教师的引导和监督下发生。同样,作为一堂课,就必有其教学目标,这节课是否成功,是以这节课的教学目标是否达成作为最主要的检验标准的。训练课的目标就是通过"训"(教师示范)+"练"(学生过手),让学生习得解决问题的能力。

概言之,训,就是示范,基于我们的课型分类,它是单元整体教学的五种课型所必备的,因此其目标的设置不是散漫无序的,而要依托于单元的知识和能力点(后文将专门谈及)。练,就是过手,它不是搞题海战术,而是要着眼于迁移和运用。训练课不同于传统意义上的重在知识点重现的复习课,也不同于时下流行的通过提炼单元大概念制订学习目标的单元整理课,而是在课堂上实现学生对于本单元相关知识的迁移运用,并在迁移运用中形成能力的一种课型。

二、训练课的目标确定

(一)单元整体意识

"单元"是100年前就由梁启超先生引入语文教学中的词语,它是语文教科书的编写日常。无论在最近百年中的哪个时期;无论位于华东、华北还是西南、东南;无论师生们使用的是之前的人教版、北师大版、语文版、苏教版教材,还是今天的统编版语文教材,各类教材基本都是以"单元组合"作为编排方式的。

但是100年来,"单元整体""单元整合"基本还停留在教科书的编写层面。在中小学语文教学实践层面,"单元整体意识"和"单元整体教学"是最近几年才不断被提及和重视的概念。对选入一个单元当中的、同一主题不同文体或同一文体不同主题的共性知识进行整体学习，能够在学习中极大地强化在同类事物中寻找差异、在不同类事物中寻找共性的思维能力，这是单元整体教学的意义所在。

实施单元整体教学的前提是教师具备单元整体意识。何谓"单元整体意识"？用通俗易懂的话来说，就是"三关注"——教师既要关注《语文课程标准》的大目标在每一册教材的每个单元中的分解，又要关注每个单元的目标在本单元中每篇课文的落地，还要关注每篇课文的小目标在单元中的彼此关联。

（二）单元整合与训练课目标的确定

单元教学是把一个单元统整起来实施的教学。培养单元整体意识的具体做法就是对单元教学进行整体构思和设计。换言之，如果从前的备课是一篇一篇地考虑，现在则应该是一个单元一个单元地统筹——要在本单元一组文章的贯通比较中，确定单元设计的要点和要求。比如这个单元有四篇课文，备课时需要考虑的是这四篇课文有没有统合起来的点位。以统筹意识把该单元全部内容统合起来，才能找到本单元最核心的教学目标（主要是知识和能力目标），讲这四篇课文时，都要对准这个大目标。接下来再考虑本单元中各篇选文的文本特质，使得各篇选文的教学围绕单元大目标但有所侧重和分解，并通过不同的课型（预习课、文本分析课、评价鉴赏课、文学史课、训练课等）来加以落实。

从单元内部的整合来看，训练课实现的是单元的语文素养目标的整合。在我们的课型分类当中，训练课是单元整体教学的第五种课型，安置在预习课、文本分析课、评价鉴赏课、文学史课之后，是前面几种课型实施完成后，在一个单元内部的求同性整合。其他课型的课中和课后都可以有诸如字词积累、听课心得、讨论记录等形式的"练"，但那不是"训练"，这是应该注意的。

比如，九年级上册第二单元单元提示谈到"本单元所选的都是议论性文章"，但这几篇文章所谈论的内容不同，阐述观点的方式不同，语言风格也大相径庭。这个单元的训练课教学目标的确定，可以遵循这样的步骤：

1. 明确《课程标准》要求

首先，应明确在《义务教育语文课程标准（2022年版）》这个大目标中，对于学习议论性文章的总体要求——"阅读简单的议论文，能区分观点与材料（道理、事实、数据、图表等），发现观点与材料之间的联系，并通过自己的思考，作出判断。"[1]

2. 确定单元目标

其次，纵观教材，初中阶段一共安排了三个议论文单元，因此对于《课程标准》提及的"总体要求"还应进行分解，明确在这个单元的议论文学习中的具体目标。这里可借用教材单元提示中的表述——了解议论性文章的特点，把握作者的观点，区分观点和材料，理清论证的思路，学习论证的方法。

3. 各篇目标任务分配

然后，要考虑单元目标在本单元四篇文章中的落地。这就需要根据每篇文章的文本特质，确定每篇课文在议论文文体这一方面的学习目标。比如，《敬业与乐业》是初中阶段学生接触的第一篇，也是这个单元的第一篇议论文，目标可确立为"理清论证的思路，学习论证的方法"。《就英法联军远征中国致巴特勒上尉的信》作为本单元的第二篇文章，和《敬业与乐业》这一篇演讲词的语言风格迥异，但可以作为学习"把握作者的观点，理清论证的思路"的文

---

[1] 中华人民共和国教育部. 义务教育语文课程标准（2022年版）[M]. 北京：北京师范大学出版社，2022：14.

本。第三篇《论教养》，学习目标可以确定为"让学生透过文中列举的众多'有教养'及'无教养'的现象，掌握'举例论证'和'对比论证'两种论证方法"。《精神的三间小屋》是典型地运用"比喻论证"来阐明观点的文章，因此学习目标可以确定为"学习比喻论证这种论证方法"。统合起来看，对四篇文章的学习共同实现了本单元的学习目标。

各篇的目标任务分配后，训练的方向和点位也就明确了。

4. 落实训练目标

训练课是为了更好地达成单元教学目标。因为此前的课型已经基本完成了本单元的某个单项的学习目标，训练课则需关注每篇课文的小目标在单元中的彼此关联，从中汇总出这个单元的训练课需要达成的能力目标——如教师示范如何理清论证的思路、把握文章的观点、辨析论证的方法，并设计出相关习题让学生过手，最终达成单元教学目标。

（三）目标要明确、聚焦，以知识和能力目标为主

跟别的所有课一样，训练课的教学目标也要明确、聚焦。

"不论走得多远，都不要忘了为什么出发。"要想改变语文教学杂糅的情况，首先需要审视教学目标的设置，最重要的举措是给教学目标"减负"。我们在"课型分类"理论中提出："任何一堂语文课，都必须定位于以上七种课型中的一种，做到课型的'纯化'，以此确保教学目标的高度聚焦，学习任务的高度统一，能力指向的高度明确。按这样的课型来实施，有利于学生在知识与能力上获得显著的进步。"[1] 课型分类的初衷就是为确保教学目标的高度聚焦，

---

[1] 罗晓晖，冯胜兰. 追求更高品质的阅读教学——中学语文名师课例深度剖析[M]. 上海：华东师范大学出版社，2020：6.

且不同课型的学习目标明显不同。比如学习比喻的修辞手法，那么预习课的目标可能是"让学生查阅资料，自主了解比喻修辞手法的知识"，鉴赏课的目标则是"让学生赏析比喻修辞手法的妙处"，训练课（尤其是写作训练课）的目标则是"让学生学会运用比喻的修辞手法"。看似是动词选择上的不同，实际上是能力层级的不同。

三、训练课的具体实施

（一）以"训"导"练"——学了做

真正的训练课始于教师的示范，也就是要让学生学了再做。

比如，要让学生懂得"如何理清论证思路"，教师要首先示范自己是怎么去理出一篇议论文的思路的。

下面以九年级上册第二单元第一篇课文《敬业与乐业》为例，简要示范理清议论文思路的几个重要步骤。

"题目是文章的眼睛"，按照经验，我们首先会注意到这篇文章的标题。看题目，确实在多数时候能够看到论证思路。如果据此推断，我们会认为《敬业与乐业》是并列式的论证思路，"与"字连接了并列的前后两个部分。文章很可能是先说"敬业"，再说"乐业"，这是初步判断。

但是，我们很快就能发现这种思维方式过于粗率。进一步阅读文章后发现，对于"敬业"的论述是到第六段才正式开始，那么此前的五个段落在讲什么呢？这时候我们需要分清文章的行文层次。通过梳理我们发现，梁启超的思路并不像我们最初设想的那么简单，文章前五段讲的是"有业之必要"，这是"敬业与乐业"的前提条件，"业"都没有，遑论"敬"与"乐"？因此，这篇文章的论证思路是先讲"有业"，再讲"敬业"，最后讲"乐业"。

当然，这篇文章主要的内容并非讲"有业"，而是讲"敬业与乐业"。文章还讲到了"敬"和"乐"是两种不同的境界，"敬"是有责任心，"乐"是有趣味。所以我们最初对这篇文章"论证思路是并列的"这一判断是错误的，本文不是并列的思路，而是递进的思路。

把这个过程向学生描述清楚，就是训练课的第一步——示范，让学生看清楚我们是如何去把握一篇文章的论证思路。综上，"理清论证思路"可概括为以下几步：

第一，理清文章层次。

第二，分析层次之间的逻辑关系。

第三，回过头来观照标题和正文的关系。（这是补充性的方法，不是所有的标题都能揭示论证思路）

教师做给学生看，总结出步骤和方法，相当于给学生建立了模型，这就是示范。下一步才是让学生在做中去学。

当然，在具体操作上，用怎样的方式去呈现教师把握论证思路的过程，也值得考究。比如，教师在课堂上用板书一步步地书写出文章层次，而不是最后用一张 PPT 来呈现这篇文章层次的结构图，就是充分体现传统板书优于现代化 PPT 的地方，因为板书具备生成性，能够让学生看清楚整个梳理过程。

那么，是不是学生认真聆听了教师的示范讲解，就意味着自己已经能够理清论证思路了呢？通常结果不会这么乐观。所谓"眼高手低"，我们常常觉得懂了的东西，其实自己未必真正掌握了。这就需要到实践中去检验，有时候甚至需要反复检验，这也是训练课的第二个关键步骤——做中学。学生能否独立理清一个文本的论证思路，需要在新文本的阅读过程中去验证。

那么问题来了，如何去找到适合作为训练课材料的新文本？我们推荐使用该单元中的自读课文。

（二）"练"中求"悟"——做中学

曾经有老师总结，在一个单元中，"讲读课教方法，自读课用方法"。这个总结形象地说明了自读课文是很好的训练文本，因为它很好地承载了本单元学习的知识和能力点。

教师虽然示范了理清论证思路的过程，但只有通过新文本的阅读，才能检验学生是否过手，这就是"做中学"。学生做的时候才会发现，要掌握前文提及的"三步法"，实际上仍需一个过程。

《精神的三间小屋》是这个单元的一篇自读课文。如果还是跟刚才一样，只看文章题目，学生会觉得行文思路和《敬业与乐业》的标题所呈现的一样，是并列关系，文章依次论述的就是并列的"三间小屋"。

进一步细读文章，进入到对文章层次的梳理，会发现在本文的论述中，和《敬业与乐业》一样，文章在"三间小屋"之前也有一个递进的层次。

分出了文章构成的几个层次，就可以进入第二步——分析层次之间的逻辑关系。跟《敬业与乐业》一样，文章的行文思路看似并列关系，其实是递进关系。它是从情感情绪（爱和恨）说到理性缔造（事业），再说到内在的、最高的目标（自我），三者层层深入，逐步递进。

到这个时候，再回看一下文章题目，学生就能发现，这篇文章的题目并不能揭示文章的论证关系，通过看标题理清论证思路的做法是粗疏而懒惰的。学生会领悟到，看标题的方式无法代替对于文本内容的仔细阅读和对文本结构的认真梳理。

再比如，九年级上册第二单元的《论教养》一文，也是设置在本单元《敬业与乐业》《就英法联军远征中国致巴特勒上尉的信》两篇讲读课文之后的自读课文。此文多达18个自然段，结构稍显复杂。在学完前面两篇课文之后，可以让学生自己来绘制文章结构图，用这种方式来检验学生是否能够理清论证思路。在此基础上，还可以设置让学生找出中心论点，辨识本文用了怎样的论证方法等训练。这样的训练能让学生更深刻地领悟"概括"是怎么回事。

（三）根据单元内容和学情编写训练材料

语文训练课的主体部分，是对于阅读和表达的训练。

阅读的训练课，除了前文提到的运用自读课文作为训练材料，更多的训练材料还需教师自行设计。设计时，不要一味依赖教辅书，要追求学与练的统一，要依托于单元教学内容，以及选取与本单元的单元教学目标相匹配的文本（材料）。比如在八年级上册第二单元回忆性散文和传记作品的教学中，如果在课内的几篇文章中学习到了鲁迅作品简洁、幽默、富于感情色彩的语言特点，朱德质朴平实的语言特点，茨威格典雅优美的语言特点，在训练课中就可以选取这几位作者的其他作品，在设置题目时隐去作者姓名，让学生根据语言风格猜测这是谁的作品，并具体到句子层面去分析其表达效果。

训练课是要解决学生的问题的，具有针对性，要充分考虑学情。例如在写作（表达）的训练课中，这个单元的写作教学要求是"语言要连贯"（八年级上册第四单元），就可以选取一些学生作文中语言不连贯的段落，请学生来找出问题并予以解决。这样的训练材料是需要教师平时用心搜集的。

四、写作（表达）训练课的实施路径

写作是训练课中的重要内容，结合单元学习要点设计写作训练有利于打通阅读和表达，实现读写一体。

"教学评一体化"是《义务教育语文课程标准（2022年版）》

明确提出的一种意识。从教学评一体化的角度，一个单元在阅读教学中的能力要点也应跟这个单元表达训练的要点联系起来。统编教材在这方面已经做出了一些尝试，如八年级上册第一单元学习新闻，写作训练就是"新闻写作"；第二单元学习人物传记，这个单元的写作任务就是"学写传记"。但是，统编教材在每个单元的写作技能和方法序列的设计方面，还可以更注重与本单元所学课文的文本特质方面的契合，更好地体现教学评一致性。下面以七年级上册为例，来说说如何进行作文的序列训练。（详见 P177 七年级上册各单元写作训练点设计图）

七年级上册各单元写作训练点设计图

涉及课型 \ 单元	第一单元 四季美景	第二单元 至爱亲情	第三单元 学习生活	第四单元 人生之舟	第五单元 动物与人	第六单元 想象之翼
预习课、文本分析课、鉴赏课	①比喻 ②比拟 ③景与情的关系（古诗文）	①细节描写 ②初识文言文（文言文语言的特点）	①比较 ②通假字	①思路 ②语句对称	①结构 ②一词多义	①想象与联想 ②成语积累
评价鉴赏课、文学史课	朱自清、老舍、曹操、李白、马致远	泰戈尔、冰心、《世说新语》	鲁迅、《论语》	毛泽东、诸葛亮	郑振铎	安徒生、郭沫若、童话、神话、寓言
写作训练课	比喻拟人出华彩	细节描写显魅力	突出特点写人物	思路清晰有妙招	突出中心有技巧	打开想象和联想的翅膀
综合实践课	①《秋》 ②《有朋自远方来》 ③《创办我们自己的杂志——班刊》					
学科阅读课	①《朝花夕拾》：消除与经典的隔膜 ②《西游记》：精读与跳读 ③《论语》的持续阅读					

该册第一单元中，有朱自清的《春》和老舍的《济南的冬天》等讲读课文，《春》当中有着大量的比喻句，《济南的冬天》中大量运用拟人的手法。因此，本单元的写作训练点可以确定为对这两种修辞手法的迁移和运用，于是我们设计了"比喻拟人出华彩"的写作训练题目，以此让学生掌握比喻和拟人这两种修辞手法。以此类推，第二单元的写作训练命名为"细节描写显魅力"，第三单元命名为"突出特点写人物"，第四单元命名为"思路清晰有妙招"，第五单元命名为"突出中心有技巧"，第六单元命名为"打开想象和联想的翅膀"。

在这个大方向的指引下，还可以对每一个训练题目加以分解和细化。在这方面，长沙市怡海中学的谭嘉慧老师带领七年级备课组的老师们做出了可贵的尝试。他们在讲授完七年级上册第一单元后，基于《春》和《济南的冬天》两课的教学中学生对品读其中的比喻句和拟人句有滋有味的学情，开设了"系列化读写结合训练课程"，对"比喻""拟人"进行了专题讲解与训练，具体如下：

本次写作训练分为循序渐进的五步。

第一次训练，定位于"掌握比喻的修辞手法"——向《春》学比喻，重在指导学生写作比喻句。

第二次训练，定位于"掌握拟人的修辞手法"——向《济南的冬天》学拟人，重在指导学生写作拟人句。

第三次训练，定位于"一叶而知秋"——在学生掌握比喻和拟人的修辞手法之后，进入段落训练，带着学生一起总结出本单元课文中学到的比喻、拟人、对比、通感、动静结合、虚实结合等写法，配合此前开展的比喻和拟人的句子训练，给学生布置有意思的写作训练。如请孩子们去寻找一片自己喜欢的叶子，观察并描摹它，用景物描写的方法写出它的特征来。然后把叶子贴在作文纸上，一起交上来。从收上来的作业发现，孩子们观察得特别细致，作品写得很丰厚饱满。

第四次训练，聚焦为"段落训练"——从"点"进阶到对"面"的描摹。让孩子们走进大自然，寻找自己最喜欢的一个画面，综合运用各种写景方法，进行描摹。此时的训练，孩子们会更顺畅地运用到三篇写景散文的方法，写出属于自己的独特画面。

第五次训练，在句子训练和段落训练之后，进入到聚焦为厘清顺序的"篇章训练"。本次篇章训练，有两个重点需要突破：①对于自然，不能只是停留在描摹阶段，而要结合自己的生活实际，表达自己的感悟。此处的目的是让主题深化。②整篇文章的逻辑思路很重要，故要让每一个"点"排好顺序连成"线"。此处依然可以学习三篇文章的思路，同时也可以补充其他的写作顺序，供学生选择。

这样一个成体系的训练，实现了基于第一单元阅读教学内容的完整写作训练闭环，对于孩子们全方位掌握好景物描写大有裨益。

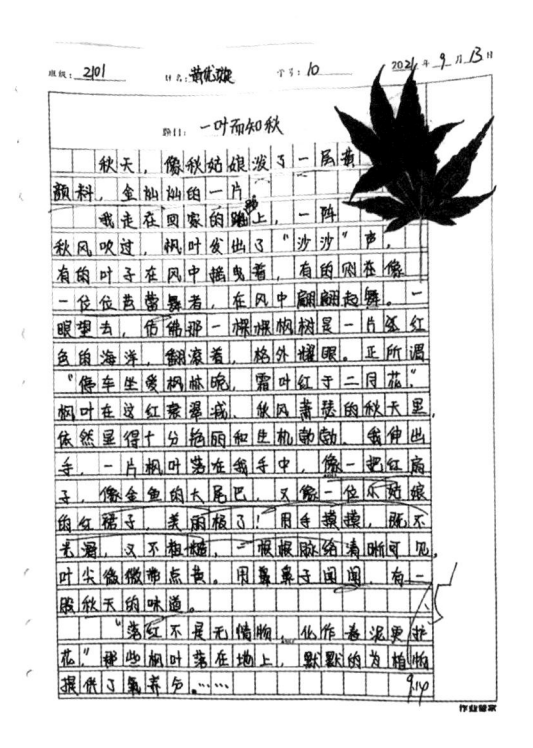

五、"双减"背景下的训练课研究价值

2021年7月24日,中共中央办公厅、国务院办公厅印发了《关于进一步减轻义务教育阶段学生作业负担和校外培训负担的意见》(简称"双减")。按照"双减"的要求,既要减轻学生作业负担,又要提升学校教育教学质量;全面规范校外培训行为,提升学校课后服务水平。不把负担留给作业,不把负担留到课外,这让越来越多的师生和家长都充分认识到在校学习的重要性。"双减"的核心是"减负增效",而"减负增效"的核心则是提高训练课的质量,真正做到"练得更少,学得更好"。当前一线教研最为热门的作业设计,其实就是在为课堂效益提质增效寻找药方。

在"双减"背景下,僵化的知识训练、机械的做题应被替代。具体到语文学科,对于掌握字词的音形义(包括文言文的相关知识)、背诵默写等"识记"类的内容,根据我们的课型分类,应在预习课中完成,训练课不再需要大量的、缺乏思维能力培养的基础知识训练。同时,训练课也不是复习课,不必将此前预习课、文本分析课等课型中讲到的知识和能力点重复一遍。训练课应以素养为导向,以能力为目标,将知识转化为能力,让学生切实过手。无论天资多么聪明的学生都需要过手,不过手就会眼高手低。训练课就是要通过对以往学习中反馈出来的问题进行梳理,对症下药布置有针对性的训练任务,以此祛除顽疾。在这一点上,很多培训机构花了大力气研究,其所谓"宝典""秘籍",无外乎都是在追求如何过手上得法。"双减"当前,有识之士当然应该花大力气研究校内的训练课,减少练习量,练到点子上,以此作为提质增效的关窍。

第十章　课本与课堂之外，能力与素养之中

——一堂综合实践课的设计

一、综合实践课的价值所在

近百年来，语文教科书通常按单元编排，语文教学以完成课本的教学为主。但课本在语文学习方面既有优势也有局限性，仅靠课本来学习语文是不充分的。在我们的课型分类中，预习课等五种课型属于基础性语文课程，主要依托课本、单元进行。综合实践课和学科阅读课这两种课型属于拓展性语文课程，在教学安排中具有能动性，可以配合课本、单元教学来安排，也可以根据语文学习的需要突破教材体系来安排；可以在课堂上完成，也可根据教学需要相机行事，在课堂之外的天地来开展。

《义务教育语文课程标准（2022年版）》指出"语文课程是一门学习国家通用语言文字运用的综合性、实践性课程"，应引导学生"通过积极的语言实践，积累语言经验，体会语言文字的特点和运用规律，培养语言文字运用能力"，语文课程"为培养学生求真创新的精神、实践能力和合作交流能力，促进德智体美劳全面发展及学生的终身发展打下基础"，"注重课程内容与生活、与其他学科

的联系，注重听说读写的整合，促进知识与能力、过程与方法、情感态度与价值观的整体发展"，"义务教育语文课程实施从学生语文生活实际出发，创设丰富多样的学习情境，设计富有挑战性的学习任务，激发学生的好奇心、想象力、求知欲"，"义务教育语文课程内容主要以学习任务群组织与呈现。……语文学习任务群由相互关联的系列学习任务组成，共同指向学生的核心素养发展，具有情境性、实践性、综合性"。以上观点，充分说明了语文学科的综合性、实践性和在实践中、情境中学习语文的必要性。

《义务教育语文课程标准（2022年版）》对于"拓展型学习任务群"中"跨学科学习"的教学提示是："要引导学生在广阔的学习和生活情境中学语文、用语文，提高交流沟通、团队协作和实践创新能力。"[①] 作为《课程标准》规定的语文课程内容的一部分，跨学科学习（《义务教育语文课程标准（2011年版）》中的说法为"综合性学习"）在初中语文统编教材的六册书中共有15个丰富多彩的学习栏目。这些栏目既包括"天下国家""孝亲敬老""以和为贵"等主题活动的策划和开展，也涉及"我的语文生活""走进小说天地"等语文本体知识的延伸学习，具有明显的专题学习特点。无论是统编初中语文教材中的"综合性学习"板块，还是我们所提出的"综合实践课"课型，其目的都是通过拓展学生的语文学习空间、强化语文学习与现实生活之间的联结来增加学生的语文知识，丰富学生的语文体验，提高学生的语文能力，最终提升学生的语文学科素养。

---

① 中华人民共和国教育部. 义务教育语文课程标准（2022年版）[M]. 北京：北京师范大学出版社，2022：36.

统编初中语文教材"综合性学习"栏目统计表

序号	册别	学习主题	活动板块
1	七上	有朋自远方来	①交友之道②向朋友展示自我
2	七上	少年正是读书时	①填写调查问卷②同学之间找差距③共同研讨促阅读
3	七上	文学部落	①读书写作交流会②布置文学角③创立班刊
4	七下	天下国家	①激发心志：爱国人物故事会②陶冶心灵：爱国诗词朗诵会③启发心智：爱国名言展示会
5	七下	孝亲敬老，从我做起	①征集活动方案②分工合作，组织活动③分享体会与感受
6	七下	我的语文生活	①正眼看招牌②我来写广告词③寻找"最美对联"
7	八上	人无信不立	①引经据典话诚信②环顾身边思诚信③班级演讲说诚信
8	八上	我们的互联网时代	①网络词语小研讨②电子阅读面面观③用互联网学语文
9	八上	身边的文化遗产	①文化遗产推荐与评选②实地考察，搜集资料，撰写申请报告③班级召开模拟答辩会
10	八下	倡导低碳生活	①确定宣传主题②搜集资料，撰写宣传文稿③制作宣传材料，开展宣传
11	八下	古诗苑漫步	①声情并茂诵古诗②别出心裁品古诗③分门别类辑古诗
12	八下	以和为贵	①探"和"之义②寻"和"之用③班级讨论会
13	九上	君子自强不息	①认识自强不息的内涵②寻找自强不息的人物③演讲：青年当自强不息
14	九上	走进小说天地	①小说故事会②小说人物大家谈③展开想象的翅膀
15	九下	岁月如歌 ——我们的初中生活	①成立编委会，做出分工②搜集资料，创作文稿③编辑加工，装帧制作

二、综合实践课的设计内涵

《义务教育语文课程标准（2022年版）》对于"拓展型学习任务群"当中的"跨学科学习"的实施建议是："要拓展学习资源，增强跨学科学习的综合性和开放性。充分利用图书馆、互联网、社区生活场景、文化场馆等，为学生开展跨学科学习提供必要的支持。"[①] 在实际教学中，如何将"课标"的建议与当地实际和学生学情有机结合，因地制宜、科学合理地进行教学设计，并据此开展操作性强、活动内容丰富的教学实践，尚需一线教师们努力探索和积极开发。

学者乌美娜教授对教学设计的定义是："运用系统方法分析教学问题和确定教学目标，建立解决教学问题的策略方案、试行解决方案、评价试行结果和对方案进行修改的过程。"语文课的教学设计既要从教学设计的一般原理出发，又要结合语文学科特点，按照语文课程的教学目标和要求，根据教学内容和学生认知规律的实际，结合授课教师自身的特点和优势，对教学过程的安排和教学方法的运用做出策划。

综合以上因素，我理解的语文综合实践课的教学设计的内涵是：以学生语文学习的兴趣和需要为基础，以学生主体性活动为核心，以获取直接经验和即时信息，进而增强语文学习的兴趣、发展智力与个性、培养创新精神和实践能力、提高语文素养为目的，对教学过程的安排和教学方法的运用所做出的策划。

---

① 中华人民共和国教育部. 义务教育语文课程标准（2022年版）[M]. 北京：北京师范大学出版社，2022：36.

三、综合实践课的设计要点

秉持以上理念,在本次《是父是子——"三苏祠博物馆"综合实践课教学设计》的撰写过程中,我着重考虑了以下三个问题。

(一)因地制宜,深挖教学资源

《义务教育语文课程标准(2022年版)》对于课程资源开发与利用的建议是"要从核心素养形成和发展的内在规律出发,紧密结合语文教材内容,选择有利于组织和实施综合性语文实践活动的优质资源,构建开放多元的教学资源体系","教师要充分发挥自身优势与潜力,积极利用和开发各类课程资源,不断增强课程资源意识","教师要多角度分析、使用课程资源,善于筛选、组合课程资源,利用课程资源创设学习情境,优化教与学活动,提高教学效益"。语文学习资源广大庞博,远不止书本。这是一节面向成都城区七年级学生的语文综合实践课,其资源首先来源于学生们生长的这片土地。成都作为我国首批命名的24座历史文化名城之一,周边有着丰富的自然风光、文物古迹、文化艺术场所,皆可作为语文学习的资源。对学习资源的充分了解、精心选用、合理开发,是综合实践课的教学设计之源。

眉山距成都仅70公里,是宋代大文豪苏洵、苏轼、苏辙的故乡。三苏祠是现今国内规模最大、保存最完好的纪念三苏的祠堂,珍藏和陈列有宋、元、明、清时期的珍贵藏书、瓷器以及书画作品上万件,是国家二级博物馆和4A级景区,于2018年1月23日被联合国教科文组织正式授予"文化遗产保护荣誉证书"。

苏轼是中国人文主义的杰出代表,对中国文化产生了重大影响,在世界范围内也具有巨大影响。小学和初中语文教材中选入的苏轼作品众多,诸如诗词《六月二十七日望湖楼醉书》《饮湖上初晴后雨》《惠崇春江晚景》《题西林壁》《江城子·密州出猎》《水调歌头·明月几时有》，散文《记承天寺夜游》等，对于学生们而言可谓影响深远。东坡是眉山的文化象征，三苏祠作为三苏故居，是东坡文化的发源地，其中的建筑、雕塑、园林、花卉、楹联、碑刻、书画等，都可作为丰富的课程教学资源。

《义务教育语文课程标准（2022年版）》对于"基础型学习任务群"中"语言文字积累与梳理"7~9年级的学习内容中有这样的要求："在语言文字运用情境中，发现、感受和表现语言文字的魅力。围绕汉字、书法、成语典故、对联、诗文等方面内容，策划并开展语文学习、展示和交流活动，加深对语言文字及其文化内涵的认识和理解。"[①] 历经十余次的实地考察后，我从三苏祠几十副楹联、十余处景点、上百幅书画作品和苏轼近千首诗词作品中，精心选取了最有代表性和探究性的一块牌匾、两幅图片、三个拓本、四副楹联和书法作品、五处景点、六首诗词等，作为本课的教学资源。

（二）学科为本，服务语文学习

设置综合实践课这一课型是为了深化和拓展学生的语文学习。

综合实践课不是语文学科的专属，其他学科，诸如数理化、史地生也有其综合实践课。综合实践课当然要设置丰富的实践活动，但必须关注，所设置的实践活动能否体现该学科学习的价值。语文的综合实践课是语文学科学习的一部分，是语文课程的有机构成，其语文的学科性质是不容改变的。所以，在实际操作中，任何"去语文"或"泛语文"的倾向，都是背离这一根本点的。

因此，在教学设计的每一个环节中，都要从语文学科的知识与能力角度出发，考虑学科学习的利益及其体现。这堂课落实到学科

[①] 中华人民共和国教育部. 义务教育语文课程标准（2022年版）[M]. 北京：北京师范大学出版社，2022：21.

知识与能力层面上，就是要明确让学生获得哪些知识，提升什么能力。考虑清楚了这个问题，才会找到精准的教学落点。以三苏祠博物馆为学习资源设置专题性的综合实践课，其语文学习价值如何体现，这是必须思考的问题。

三苏祠内保存有16处古建筑及木假山堂、古井、洗砚池等苏家遗迹，收藏有数千件有关三苏的文物文献，陈列有三苏家训家风、生平成就、东坡书法碑刻，是国内规模最大、保存最完好的三苏纪念祠堂。其中的学习资源可谓丰富多彩，让人眼花缭乱。但是，教学资源的选取、教学活动的设计，既要思路阔大，又需有所节制，务必让每个环节都服务于语文目标的达成。

本堂课设置的知识目标有"了解三苏父子的生平经历、文化成就及其影响""学习关于对联的基本知识""增加对苏轼诗文的积累""了解中国古代传统传拓技艺的发展历程、传拓工具、历史意义以及基本的传拓方法"。能力目标有"在收集、整理、筛选信息的过程中，提升语言构建与运用能力""在探究性学习中发展语文学科思维""把握诗歌语言的节奏感和韵律感，学会朗诵或吟唱"。在学习过程中，对诗歌、对联、文学史、书法、拓片等知识的了解，都属于语文学习的范畴；楹联知识探究、诗词朗诵、书法赏析、碑文拓片体验等活动的设置，都着眼于听说读写能力的培养，以及语言运用、思维能力、审美创造、文化自信等学科核心素养的养成。

（三）"主体""主导"，师生定位明确

传统的课堂授课常常过分突出教师的功能，以教师的知识传授和教学思路为中心，较难体现学生作为"学习的主体"这一特点。这一节在博物馆开展的语文综合实践课，因其空间的开阔、形式的多样、活动的丰富，拓展了传统课堂教学的狭隘空间，能够充分培养学生的自主、合作、探究能力。

本教学设计时长 150 分钟，除了第一个环节为"聆听讲解员解说"外（聆听解说的过程，也能体现学生在学习中的主体地位，比如他们对如何记录笔记、如何学会参观也有很大的自主性），其余的各个环节，尤其注重发挥学生在学习中的主体地位。

比如在两个"实地探究"环节，学生可以自主安排探究的路线，学会科学规划时间和顺序，确保在规定时间内圆满完成该景点的探究任务。这是对学生策划、组织能力的培养。

再如在"诗词朗诵"环节，赋予学生更多选择的自由：每个小组可根据本组成员的志趣喜好自主选择一首苏轼的作品作为朗诵材料，小组内部的几个同学还可以自主分工合作——小组内擅长朗诵的同学可以进行组合，擅长制作道具的同学可以提供道具，擅长音乐的同学可以提供背景音乐，擅长乐器的同学可以现场伴奏，余下的同学还可以担任观众或评委，各得其所。这是对学生自主性的培养。

在"拓片体验"环节，学生更是需要亲自动手去体验书法艺术的精妙。在此过程中，特别注重学生在具体的实践和运用中获取直接的感性知识和生活经验，并在活动中去感受、体会、理解书法艺术和传拓技艺。这是脚踏实地探索和研究的过程。

以上环节，不仅让学生对本次学习留下深刻印象，而且其自学能力、合作意识、实际操作能力都将得到切实的培养。

与此同时，综合性学习强调教师在各环节的指导作用，在每个环节的设计中，都有教师的过程性引导和基本方法技巧的传授。

比如第一个环节"参观三苏祠"，讲解员老师会首先告知学生整个三苏祠的建筑布局，便于学生后续心中有数地进行实地探索；还会概要介绍苏轼的人生经历，这是后面理解苏轼的旷达人生态度的基础。比如"楹联知识探究"环节，是基于七年级的学生在课内（七年级下册教材"我的语文生活"综合性学习）已经学习了基本的对联知识的基础上的探究，而不是毫无章法的探究。再如"体验拓片艺术"环节，在专门的拓片技艺传承人为学生讲解、示范后，学生再上手操作。

附：

是父是子——"三苏祠博物馆"综合实践课教学设计

> **学习目标**
>
> *知识目标*
>
> 1. 了解三苏父子的生平经历、文化成就及其影响
> 2. 学习关于对联的基本知识
> 3. 增加对苏轼诗文的积累
> 4. 了解中国古代传统传拓技艺的发展历程、传拓工具、历史意义以及基本的传拓方法
>
> *能力目标*
>
> 1. 在收集、整理、筛选信息的过程中,提升语言构建与运用能力
> 2. 在探究性学习中发展语文学科思维
> 3. 把握诗歌语言的节奏感和韵律感,学会朗诵或吟唱
>
> *品格目标*
>
> 1. 在真实的情境中领略三苏父子的风采,感受兄弟情深,了解中华民族孝悌美德
> 2. 通过探究性活动学习苏东坡旷达的胸襟,培养坚忍乐观的心态

> **课时与对象**
>
> 150分钟,七年级学生

> 学习过程

一、"走近三苏"之参观三苏祠（40分钟）

三苏祠概况：三苏祠位于四川省眉山市中心城区，是北宋大文豪苏洵、苏轼、苏辙父子三人的故居，元代改宅为祠。祠内保存有16处古建筑及木假山堂、古井、洗砚池等苏家遗迹，收藏有数千件有关三苏的文物文献，陈列有三苏家训家风、生平成就、东坡书法碑刻，是国内规模最大、保存最完好的三苏纪念祠堂，为全国重点文物保护单位和国家AAAA级旅游景区，被联合国教科文组织授予"文化遗产保护荣誉证书"，荣获"天府十大文化地标"称号，被誉为"中国古典园林精粹，世界人文旅游经典"。

（一）知识积累（30分钟）

按照"眉山苏氏→少年读书→初展头角→东坡居士→屡遭贬谪"五个主题进行参观，听博物馆讲解员的讲解，做好记录。

（二）实地探究（10分钟）

1. 启贤堂

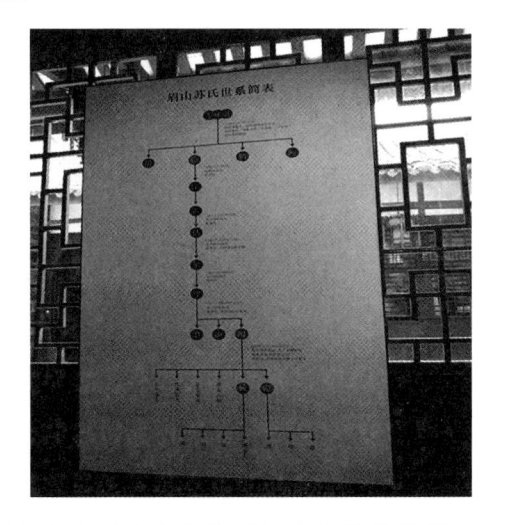

从图中可以探究得出古人代系间取名的规律是：＿＿＿＿＿＿。

2. 飨殿

（1）大门上方这块写着"是父是子"的匾中四字的含义是_____
_____。

（2）飨殿内的三座塑像中，居中的是_____，左边的是
_____，右边的是_____。

（3）中间穿红色衣服的跟两侧穿紫色衣服的两位相比，手上没有拿"笏板"的原因可能是_____。

3. 三苏纪念馆一楼

根据下图，说说苏轼、苏辙两兄弟的名（轼、辙）有何关联？

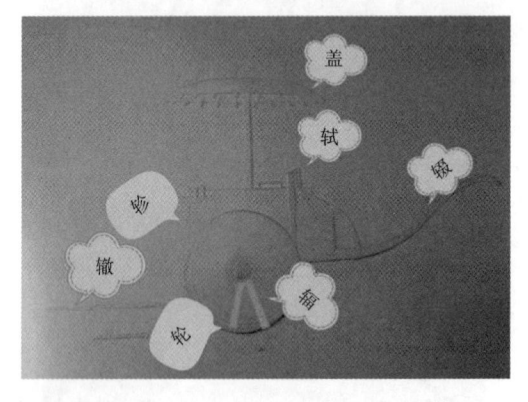

答：_____。

【设计意图】

　　本环节设置了两个步骤,第一个步骤为"信息的输入",第二个步骤为"信息的输出"。对于三苏父子生平的了解是必备的知识基础,尽管学生们在行前已经做了功课,对三苏父子的资料进行了一定的查阅,但身临其境,面对实地、实物聆听讲解是一种更为直观、令人印象更加深刻的学习方式。同时,本环节中对于博物馆地理位置的熟悉,是后续实践探究活动能高效开展的前提。教师在此环节的主导性主要体现在提醒学生做好记录。如有必要,可以根据参观的顺序自行绘制"三苏祠平面图",便于在本环节第二步中,快速、准确地在指定的地点寻找到探究题目的答案。

二、"品味三苏"之对联知识探究(30分钟)

　　活动内容:提前将全班同学分为6个小组,以小组为单位完成以下题目的探究,在规定时间内按时完成且得分最高的小组为优胜组。

(一)南大门对联探究

　　三苏祠南大门门口有这样一副对联,上联是:_____,一代文章三父子;下联是:堪称模楷,千秋景慕永馨香。请补出上联的四个字,并解释这四个字的意思:_____。

(二)飨殿门口长联探究

　　这是飨殿门口的一副长联,请找到它,并完成下面的学习任务。

　　上联:宦迹渺难寻,只博得三杰一门,前无古,后无今,器识文章,浩若江河行大地;

　　下联:天心原有属,任凭他千磨百炼,扬不清,沉不浊,父子兄弟，依然风雨共名山。

1. 根据句读，大声吟诵此联。
2. "三杰一门"的意思是_____。
3. 请根据苏轼的生平，说一说"宦迹渺难寻"的意思。

（三）飨殿内长联探究

这是飨殿内的一副长联，请找到它，并完成以下学习任务。

1. 请你用"/"断句。

上联：从岭海间拥节南来每怀鹤观游踪画图笠屐空千载；

下联：向纱縠行驱车西去喜挹蟆颐秀气忠义文章萃一门。

2. 下联中"纱縠行"的意思是：＿＿＿＿＿＿＿＿＿＿＿＿＿。

3. 上联中的"鹤观"是苏东坡被贬＿＿＿＿＿＿＿（填地名）时在古白鹤观地基上修造的白鹤峰新居。

4. "画图笠屐"是怎样一个故事？请用你自己的话简要描述。

答：＿＿＿＿＿＿＿＿＿＿＿＿＿＿＿＿＿＿＿＿＿＿＿＿＿＿＿。

（四）云屿楼对联探究

这是云屿楼的一副对联，请找到它，并完成以下学习与探究任务。

上联：谁吹孤鹤南飞笛；　　下联：人唱大江东去词。

1. 请说出上联、下联分别来自苏东坡的哪两首诗词。

答：＿＿＿＿＿＿＿＿＿＿＿＿＿＿＿＿＿＿＿＿＿＿＿＿＿＿＿。

2. 对联讲究"工对",请以本联为例,说说其对仗"工"在何处。

答：_____。

【设计意图】

　　统编教材七年级下册"我的语文生活"综合性学习中提出："对联是我国传统文化的瑰宝,也是活的文化遗产,现在还普遍应用在我们的日常生活中。……充分体现出了汉字的奥妙、魅力和传统文化的意蕴。"学生在行前的学习中,已经通过课堂内的学习对对联知识(如平仄、对偶等格律要求)有了基本了解,本环节为这些知识的灵活运用提供了恰当的场景,充分体现了"学以致用"。在四个探究题目的先后顺序上,体现了由易到难的梯度：第一题重在考查对仗,第二题重在考查用典和文化常识,第三题重在考查断句和用典,第四题重在考查对于苏轼诗词的积累和对对联的鉴赏。同时,整个环节的高效完成依然依托于前一个环节的铺垫——学生对于整个博物馆地形的熟悉。

三、"赏读东坡"之苏轼诗文朗诵会（30分钟）

　　活动设计：行前以小组为单位搜集苏轼诗文,并自行确定本小组朗诵的篇目(形式不限,可单人朗诵,也可小组集体朗诵)。提前选配恰当的背景音乐,如有必要可准备适宜的服饰。在三苏祠飨殿前的小广场进行现场展示,感受苏轼诗文的魅力。

　　每组选出一名同学担任评委,评委从读音、语调、节奏、表情、感染力、道具服装、背景音乐等方面初步制定评分标准,由教师审读评分标准。每组推选出来的评委在现场结合标准对每个小组的朗诵进行打分,评出优胜小组。

六个小组选出的苏轼经典诗文分别是《水调歌头·明月几时有》《记承天寺夜游》《定风波·莫听穿林打叶声》《浣溪沙·游蕲水清泉寺》《念奴娇·赤壁怀古》《江城子·密州出猎》。让我们站在苏东坡曾经生活的地方，吟诵他的诗文，更深切地感受苏轼诗文的魅力吧。

1 小组：水调歌头·明月几时有

丙辰中秋，欢饮达旦，大醉，作此篇，兼怀子由。

明月几时有？把酒问青天。不知天上宫阙，今夕是何年。我欲乘风归去，又恐琼楼玉宇，高处不胜寒。起舞弄清影，何似在人间。

转朱阁，低绮户，照无眠。不应有恨，何事长向别时圆？人有悲欢离合，月有阴晴圆缺，此事古难全。但愿人长久，千里共婵娟。

2 小组：记承天寺夜游

元丰六年十月十二日夜，解衣欲睡，月色入户，欣然起行。念无与为乐者，遂至承天寺寻张怀民。怀民亦未寝，相与步于中庭。庭下如积水空明，水中藻、荇交横，盖竹柏影也。何夜无月？何处无竹柏？但少闲人如吾两人者耳。

3 小组：定风波·莫听穿林打叶声

三月七日，沙湖道中遇雨，雨具先去，同行皆狼狈，余独不觉。已而遂晴，故作此词。

莫听穿林打叶声，何妨吟啸且徐行。竹杖芒鞋轻胜马，谁怕？一蓑烟雨任平生。

料峭春风吹酒醒，微冷，山头斜照却相迎。回首向来萧瑟处，归去，也无风雨也无晴。

4 小组：浣溪沙·游蕲水清泉寺

游蕲水清泉寺，寺临兰溪，溪水西流。

山下兰芽短浸溪，松间沙路净无泥，潇潇暮雨子规啼。

谁道人生无再少？门前流水尚能西！休将白发唱黄鸡。

5小组：念奴娇·赤壁怀古

大江东去，浪淘尽，千古风流人物。故垒西边，人道是，三国周郎赤壁。乱石穿空，惊涛拍岸，卷起千堆雪。江山如画，一时多少豪杰。

遥想公瑾当年，小乔初嫁了，雄姿英发。羽扇纶巾，谈笑间，樯橹灰飞烟灭。故国神游，多情应笑我，早生华发。人生如梦，一尊还酹江月。

6小组：江城子·密州出猎

老夫聊发少年狂，左牵黄，右擎苍，锦帽貂裘，千骑卷平冈。为报倾城随太守，亲射虎，看孙郎。

酒酣胸胆尚开张。鬓微霜，又何妨！持节云中，何日遣冯唐？会挽雕弓如满月，西北望，射天狼。

"苏轼诗文朗诵会"评分表

朗诵篇目：

朗诵小组：

评分人：

评价项目	评价指标	分值	得分
精神面貌	自然大方、精神饱满、出场有序	5	
朗诵能力	①普通话标准 ②吐字清晰、发音正确 ③语调语速、自然流畅 ④停顿恰当、准确、节奏感强 ⑤感情充沛，能准确把握作品内涵与格调	50	

续表

评价项目	评价指标	分值	得分
艺术处理	①服装整洁得体，举止大方 ②背景音乐与诗歌配合恰当 ③恰当的肢体语言 ④现场感染力强，能与观众产生共鸣	40	
其他	朗诵形式富有创意，如配以适当伴舞或演奏	5	

【设计意图】

　　统编教材七年级下册"天下国家"综合性学习中安排了诗词朗诵会的学习活动。因此，这一形式对于学生来说比较熟悉、易于操作。本设计中，学生学习的主体性主要体现在：①以小组为单位进行分工合作，由小组自行确定朗诵、服装、道具、评委等人员的分工；②学生自主选择朗诵的篇目；③学生自己设计评分标准。本环节中教师主导性的体现主要有两处：一是对于学生选择的朗诵诗文的提前把关，所选作品既要便于朗诵，也要注意难度和时间长短。二是对于朗诵评分标准的最终确定和把握，便于学生有的放矢地加以准备。

四、"别样东坡"之苏轼书法艺术体验（40分钟）

（一）感受东坡书法（10分钟）

这是碑林中苏东坡手书《醉翁亭记》的拓片，请找到它，完成下面的任务：

1. 此书法字体为_____体。

2. 请从中找出你最喜爱的单个字词，临摹在此：_____。

3. 请从中概括苏轼书法的特点：_____。

4. 请你猜想，欧阳修创作此文和苏轼书写此文时，各自有着怎样的心境?_____。

(二)体验拓片艺术（30 分钟）

以三苏祠东园碑廊已有的碑版石刻和博物馆馆藏拓本为依托，使用三幅研学专用碑刻，并结合三苏祠东园碑廊独特的人文历史背景，以理论与实践相结合的方式，系统学习中国古代传统传拓技艺的发展历程、传拓工具、历史意义以及基本的传拓方法。

学生通过分组亲自制作拓片作品，培养自主探究的学习能力和动手实践能力，做到寓教于学、寓学于练、寓练于做。

【设计意图】

拥有丰富的书法艺术资源是三苏祠显著的特点，尤其是东坡书法碑林中有大量珍贵藏品，非常适合作为本次的教学资源。本环节设计了两个探究活动，第一个以鉴赏为主，第二个偏重实践。尤其是体验拓片这一活动，很多中学生都是首次接触，不仅可以了解知识、掌握技能，还可以带回自己亲自拓刻的作品，非常有成就感。

五、课堂小结与延伸（10分钟）

（一）颁发奖品

为探究活动和诗文朗诵活动获得优胜的小组颁奖，奖品为三苏祠文创产品——苏轼书法折扇。

（二）教师总结

林语堂说："像苏东坡这样的人物，是人间不可无一，难能有二的。"今天我们走进三苏祠，了解了苏氏父子三人的生平经历、文化成就及其影响，学习了关于对联的基本知识，通过朗诵的方式增加了对苏轼诗文的体验，通过拓片的方式领略了苏轼的书法艺术。经过本次综合实践活动，你对苏轼有了怎样的新认识呢？请从下面的题目中任选一项，完成课后探究。

1. 从以下题目中任选一个，完成一篇研究性小论文写作（600字左右）：

（1）"问汝平生功业，黄州惠州儋州。"请从苏轼贬谪三地的作品中分析他心境的变化。

（2）苏轼在《东坡题跋·书渊明羲农去我久诗》中说："每体中不佳，辄取读，不过一篇，唯恐读尽，后无以自遣耳。"请结合苏轼的人生经历分析他为何独好陶渊明的诗。

（3）苏东坡特别受后辈知识分子推崇，你觉得这其中最大的原因是什么？

2. 通过本次研学，你对苏轼有了哪些新的了解？苏轼最打动你的地方或者最能给你启发的经历是什么？

3. 苏轼人格伟大，主要表现在哪些方面？有人说"苏轼的魅力也是传统文化的魅力"，从苏轼身上可以探知传统文化的哪些精神？

4. 三苏祠的众多塑像中，哪一个与苏轼本人的性格最为接近？为什么？

5. 在三苏祠的楹联中，你印象最深的是哪一副？请你摘抄下来，深入探究其含义，并对书法水平作出评价。

6. 在苏东坡的书法作品中，你最喜欢的是哪一个？请加以临摹，并拍照上传。

7. 根据苏轼生平，绘制苏轼宦游图。根据苏轼为官路径，选出苏轼每到一个地方所作的最具代表性的一首诗词文，探究苏轼的心路历程。

【设计意图】

　　本环节既是对整个探究活动的总结，也是对后续学习活动的延伸。尤其是七项有创意的作业设计，既紧扣本节课所探究的内容，又聚焦学生语文能力和素养的提升，还打破了常规的作业设计形式，让学生有所选择、乐于参与。其显性功能还在于能够通过作业将本次探究活动的成果加以固化。待学生作业收集起来后，可以召开一场专题"作业发布会"，在课堂上对优秀作业进行分享和评价。

第十一章　学科阅读课：
拓宽学科视野，深化学科理解

一、学科阅读是深入理解一门学科的最好方式

"我是谁，我从哪里来，我要到哪里去"，是哲学的永恒命题，我们在追问中不断认清过去与现在的关系、自我与世界的连接。对于学科教师而言，我们也可以有这样的追问，"这门学科是什么，它从哪里来，它要把学生带到哪里去"。对于教师而言，了解一门学科，是教好这门学科的关键；对于学生而言，了解一门学科，是学好这门学科的前提。学科阅读便是深入理解一门学科的最好方式。学科阅读，就是对与这门学科的学科知识、学科思想、学科发展历史、学科代表人物相关语言材料的阅读。我们或许因喜欢阅读小说而爱上语文学科，或许因小时候知道了圆周率的故事而喜欢上数学学科，或许因爱看英文原版小说就爱上了英语学科，或许因了解了门捷列夫的故事就爱上了化学学科……学科阅读能够打开一扇广阔的学科学习之门，让我们窥见这门学科的五彩斑斓和纵横深广，激发起我们探索这门学科的兴趣和热情。

所谓学科阅读，就是从学科的角度来阅读学科，引导学生通过深层次的学科内容阅读，将学科知识吸收、内化及应用，是让学生从狭隘的教材中走入学科世界，从有限的学科信息中迈向绚丽多彩的学科世界,从而培养学生的胸襟与眼光的一种探究性学习方法。[①]

学科阅读的范围是广泛的,如学科知识、学科思想、学科代表人物和著作、学科应用等。比如数学的学科阅读可以包括一些数学和数学家的故事,以及我国传统数学的一些重要著作如《孙子算经》《九章算术》。在教学二元一次方程组时,可以让学生课前阅读《九章算术》中的"方程"这一章,在新课导入时,老师可以从《九章算术》方程章译文开始。让学生了解数学文化,感受我国古代数学的博大精深,突出传承中华优秀文化的重要意义。

英语的学科阅读可以是时效性强、短小精悍的报纸和经典著作的原版小说。物理学科阅读可以通过阅读与物理核心素养相关的材料,包括物理教材、物理科普、物理论文、物理学史、物理学家故事等,来学习并拓展物理知识,形成物理观念,感受科学精神,促进科学思维发展,帮助自己构建物理学理论框架和知识图谱。

"教育的本质是培养学生思维。"一个学科具有独立存在价值的最重要标志是具有"特定思考方式",也称之为"学科思维方式",这种学科思维方式可以通过较长时间的学习和训练得到培养和锻炼。作为学科教师的我们,教学最主要的目的不是单纯向学生传授具体的学科知识,而是在教学中训练和培养学生的学科思维方式。学科阅读能够通过阅读的途径,达到对学科的理解,形成特定的学科思维方式。比如对于《丑小鸭》这个文本的阅读,在语文学科教师这里,它就是训练领会以虚构见长的文学作品的主旨的极好材料——告诉孩子们丑小鸭变成白天鹅的过程是一个通过努力实现真实自我的过程;在科学学科教师这里,它却是讲授遗传基因问题的案例,科学来不得半点虚构和错谬——天鹅蛋最初孵化出来的虽然

[①] 赵敬:《学科阅读课程标准(SCIS)(征求意见稿)》。

是"丑小鸭",但基因已经决定了它后来必然会长成天鹅,这和努力与否全然没有关系。所谓"横看成岭侧成峰",语文老师和科学老师用同一则材料训练的,是不同的学科思维品质。

学科阅读的形式是丰富多样的,可以是自主阅读,可以是教师引导下的探究学习,也可以是小组交流合作。如对于学科史的阅读可以先让学生利用课内外时间自主阅读、撰写笔记,然后由教师提出思考方向,组织学生之间的学习交流活动,再通过讨论与交流引导学生深入思考、得出结论,形成对学科的基本看法。后文将以《论语》的语文学科阅读来举例说明学科阅读的多种形式。

二、语文学科阅读立足于对语文教材的拓展

苏霍姆林斯基说:"教育的全部问题都可以归结为阅读问题。"前文已经提到,学科阅读的范围十分广阔,语文亦是如此。语文的学科阅读可以是关于语文知识的,可以是关于语文学习方法的探究与创新的,可以是关于文学史上经典著作与人物的。其目的都是通过阅读,给学生描绘一个绚丽多彩的语文世界,并登堂入室,引领学生实现思维的发展与提升,并最终实现语文素养的形成。"思维发展与提升"是语文学科的四大核心素养之一,罗晓晖老师认为,语文核心素养,就是在语文知识和语文思维方面的修养。能力的核心是思维,知识是思维的成果。因此"语文核心素养"这一概念,基本相当于"语文的思维品质"。语文思维品质的核心部分,是分析、综合与评价三种能力。[1]

以初中语文为例,翻开教材,我们除了关注课文之外,还可通

---

[1] 罗晓晖. 语文的核心素养与语文教学[J]. 教育科学论坛,2016(20):35.

过课后的"拓展阅读"和"名著导读"板块来发现一个广阔的学科阅读世界。

在这个世界中，有简洁、清新、细腻的散文诗，如《泰戈尔诗选》、冰心的《繁星》《春水》；有具备"建筑美、音乐美、绘画美"的新诗，如闻一多的《太阳吟》《死水》《静夜》；有淳朴而不失雅致，语义优美而不显雕琢的女性散文，如宗璞的《丁香结》《燕园树寻》《好一朵木槿花》；有既真实、细腻地再现历史，又融入了作者的理解和想象的传记文学，如茨威格的《滑铁卢的一分钟》《黄金国的发现》《越过大洋的第一次通话》；有想象奇特、构思巧妙的科幻小说，如刘慈欣的《朝闻道》、阿瑟·克拉克的《星》、弗诺·文奇的《真名实姓》；还有既能增广见识，又能带来美好享受的游记，如郁达夫的《西溪的晴雨》、徐迟的《黄山记》、王充闾的《读三峡》。

除了以上文学类作品外，还有思想历史文化类文本，如以《鱼我所欲也》为代表的善于运用类比说理的孟子散文，以《北冥有鱼》为代表的善于运用寓言故事说理的庄子散文，以《周亚夫军细柳》为代表的"用两种突出的性格或两种不同的情势，抑或两种不同的结果，作为对照"（李长之语）的创作笔法写就的《史记》。这个世界里还有刚刚选入统编语文教材的文学批评读本——朱自清的《经典常谈》，它对《说文解字》《周易》《诗经》等古代经史子集的经典进行了言简意赅的知识普及。

除此之外，这个世界还会介绍学生喜欢的语文学习方法，如七年级上册通过阅读《西游记》，教会学生精读和跳读；七年级下册通过阅读《骆驼祥子》，教会学生圈点、批注的读书方法；八年级上册通过阅读《红星照耀中国》教会学生阅读纪实作品，通过阅读《昆虫记》教会学生阅读科普作品；八年级上册第二单元《回忆我的母亲》课后拓展阅读邹韬奋《我的母亲》、老舍《我的母亲》等文章，让学生通过比较阅读，"看看不同作者笔下的母亲形象、文章的写作手法、作品的语言风格等方面各有什么不同"[①]；九年级下册第四单元叶圣陶《驱遣我们的想象》一文，课后拓展阅读《文艺作品的鉴赏》一书，教会学生文艺鉴赏的基本方法。以上学科阅读，无不是通过语文素材的积累，培养学生的分析、综合与评价能力，提升语文学习效果。

初中语文统编教材拓展阅读素材一览表

册别	单元	人文主题	主要篇目	课外阅读	阅读目的
七年级上册	二单元	至爱亲情	《散文诗二首》	《泰戈尔诗选》、冰心《繁星》《春水》	感受他们作品风格的相似之处
	三单元	学习生活	《再塑生命的人》	《假如给我三天光明》	感受海伦·凯勒在逆境中奋进的精神和意志
			《论语》十二章	《论语》中的成语	
	四单元	人生之舟	《纪念白求恩》	老一辈革命家写过的纪念白求恩的文章	小组交流：白求恩大夫身上有哪些优秀品质
	五单元	动物与人	《猫》	夏丏尊《猫》、靳以《猫》、王鲁彦《父亲的玳瑁》	与课文比较，体会这些文章中作者表达的思想感情
			《动物笑谈》	《所罗门王的指环》	感受科学工作者专注忘我的精神和极高的专业素养

[①] 中华人民共和国教育部. 义务教育教科书　语文　八年级　上册[M]. 北京：人民教育出版社，2017：33.

续表

册别	单元	人文主题	主要篇目	课外阅读	阅读目的
	名著导读		《朝花夕拾》	孙犁《白洋淀纪事》、沈从文《湘行散记》	消除与经典的隔膜
			《西游记》	屠格涅夫《猎人笔记》、李汝珍《镜花缘》	精读和跳读
七年级下册	一单元	群星闪耀	《说和做——记闻一多先生言行片段》	闻一多的《太阳吟》《死水》《静夜》	欣赏其艺术特色,感受其中的精神追求
	二单元	家国情怀	《黄河颂》	《黄河大合唱》第三部分《黄河之水天上来》	
			《老山界》	杨得志《大渡河畔英雄多》、杨成武《越过夹金山,意外会亲人》	进一步加深对红军长征伟大历史的认识
	三单元	凡人小事	《阿长与〈山海经〉》	绘图版《山海经》	大体了解这本书的主要内容,感受其神奇色彩
	四单元	修身正己	《叶圣陶先生二三事》	吕叔湘《怀念圣陶先生》	学习叶圣陶先生可贵的精神品质
	五单元	生活哲理	《紫藤萝瀑布》	宗璞写景状物的散文《丁香结》《燕园树寻》《好一朵木槿花》	了解这些作品共同的特点
	六单元	科幻探险	《伟大的悲剧》	茨威格《人类的群星闪耀时》	走近传记作品
			《带上她的眼睛》	刘慈欣《朝闻道》、阿瑟·克拉克《星》、弗诺·文奇《真名实姓》	走近科幻小说名作

续表

册别	单元	人文主题	主要篇目	课外阅读	阅读目的
八年级上册	名著导读		《骆驼祥子》	罗广斌、杨益言《红岩》，柳青《创业史》	圈点与批注
			《海底两万里》	阿西莫夫《基地》、J. K. 罗琳《哈利·波特与死亡圣器》	快速阅读
	二单元	生活的记忆	《回忆我的母亲》	邹韬奋《我的母亲》、老舍《我的母亲》	比较阅读，看看不同作者笔下的母亲形象、文章的写作手法、作品的语言风格等方面各有什么不同
			《列夫·托尔斯泰》	茨威格《托尔斯泰》《三大师》《三作家》	走进伟大作家的内心世界
			《美丽的颜色》	艾芙·居里《居里夫人传》	了解这位伟大科学家的科学贡献和品德力量
	三单元	山川之美	《与朱元思书》	吴均《与施从事书》《与顾章书》	进一步体会吴均写景文章的特点
	四单元	情感哲思	《散文二篇》	冰心《谈生命》、张抗抗《地下森林断想》、勃兰兑斯《人生》	了解中外名家抒写生命哲思、人生感悟的文章
			《昆明的雨》	汪曾祺《故乡的食物》《翠湖心影》《我的家乡》	体会汪曾祺散文的独特韵味
	五单元	文明的印迹	《蝉》	法布尔《蝉和蚁》《蝉的歌唱》	激发探究蝉的生命历程的欲望

续表

册别	单元	人文主题	主要篇目	课外阅读	阅读目的
			《梦回繁华》	《〈清明上河图〉的故事》《解读〈清明上河图〉》《谜一样的〈清明上河图〉》	进一步了解《清明上河图》这幅名画
		名著导读	《红星照耀中国》	王树增《长征》、李鸣生《飞向太空港》	纪实作品的阅读
			《昆虫记》	卞毓麟《星星离我们有多远》、蕾切尔·卡森《寂静的春天》	科普作品的阅读
八年级下册	一单元	民风民俗	《回延安》	莫耶《延安颂》、祁念曾《延安,我把你追寻》、曹靖华《小米的回忆》、吴伯箫《记一辆纺车》	看看这些诗文体现了怎样的"延安精神"
	二单元	科学道理	《大雁归来》	利奥波德《沙乡年鉴》	学习作者对自然的尊重和对人与自然关系的全新思考
	三单元	养性怡情	《小石潭记》	①柳宗元"永州八记"中的其他作品,如《始得西山宴游记》《钴鉧潭西小丘记》②袁宏道《满井游记》、袁枚《峡江寺飞泉亭记》	①体会柳宗元山水游记的特色②体会其与柳宗元文章风格的不同之处
	五单元	认识世界	《壶口瀑布》	郁达夫《西溪的晴雨》、徐迟《黄山记》、王充闾《读三峡》	体会游记在选材、构思、语言等方面的特点

续表

册别	单元	人文主题	主要篇目	课外阅读	阅读目的
九年级上册	名著导读		《经典常谈》	乔斯坦·贾德《苏菲的世界》、朱光潜《给青年的十二封信》	选择性阅读
			《钢铁是怎样炼成的》	路遥《平凡的世界》、罗曼·罗兰《名人传》	摘抄和做笔记
	二单元	砥砺思想	《论教养》	利哈乔夫《择善而从最重要》《跃出误区的艺术》	听听作者诚恳而睿智的建议
	三单元	游目骋怀	《岳阳楼记》	李白《与夏十二登岳阳楼》、杜甫《登岳阳楼》、陈与义《登岳阳楼》	体会其中的思想感情
	四单元	青春年少	《孤独之旅》	曹文轩《草房子》	了解故事的前因后果
	五单元	理想信念	《创造宣言》	陶行知《中国教育改造》	了解陶行知的教育主张
	六单元	人物百态	《智取生辰纲》	《水浒传》中有关杨志的其他回目	深入体会杨志形象
			《三顾茅庐》	《三国演义》中与"隆中对"相关章节	了解故事的来龙去脉
			《刘姥姥进大观园》	《红楼梦》	结合整部小说,了解刘姥姥在全书中所起的作用
	名著导读		《艾青诗选》	《唐诗三百首》《泰戈尔诗选》	如何读诗
			《水浒传》	刘义庆《世说新语》、蒲松龄《聊斋志异》	古典小说的阅读

续表

册别	单元	人文主题	主要篇目	课外阅读	阅读目的
九年级下册	一单元	理想信念	《梅岭三章》	周恩来《大江歌罢掉头东》、鲁迅《自嘲》《自题小像》	理解作者的理想信念和伟大人格
	二单元	人物画廊	《孔乙己》	鲁迅《示众》《药》	了解鲁迅笔下的看客形象
			《溜索》	阿城《棋王》	了解阿城小说语言风格
			《蒲柳人家》（节选）	刘绍棠《蒲柳人家》的其他部分	了解人物命运的变化
	四单元	读书鉴赏	《驱遣我们的想象》	叶圣陶《文艺作品的鉴赏》	学习文艺鉴赏的基本方法
	名著导读		《儒林外史》	钱锺书《围城》、乔纳森·斯威夫特《格列佛游记》	讽刺作品的阅读
			《简·爱》	《契诃夫短篇小说选》、夏目漱石《我是猫》	外国小说的阅读

三、以"整本书阅读"为例，谈语文学科阅读课的价值和利益

学科阅读在形式上包括单篇文章阅读、群文阅读和整本书阅读，其共同实质是强调"学科"——学科阅读的基本功能是促进学科的学习，这是最根本的定位。

《义务教育语文课程标准（2022年版）》7～9年级"学段要求"中明确提出"每学年阅读两三部名著，探索个性化的阅读方法，分享阅读感受，开展专题探究，建构阅读整本书的经验。感受经典名著的艺术魅力，丰富自己的精神世界"。[①] 其中的具体建议

---

① 中华人民共和国教育部. 义务教育语文课程标准（2022年版）[M]. 北京：北京师范大学出版社，2022：15.

为:"(1)阅读革命文学作品,如《革命烈士诗抄》《红岩》《红星照耀中国》等,体会、评析革命领袖、革命英雄的爱国精神和人格魅力。(2)独立阅读古今中外诗歌集、中长篇小说、散文集等文学名著,如《朝花夕拾》《骆驼祥子》《艾青诗选》《西游记》《格列佛游记》《钢铁是怎样炼成的》等。根据阅读进度完成读书笔记,针对作品的语言、形象、主题等方面的话题展开研讨。(3)开展多样的读书活动,丰富、拓展名著阅读。借助多种媒介讲述、推荐自己喜欢的名著,说明推荐理由;尝试改编名著中的精彩片段;结合自己的阅读体会,尝试撰写文学鉴赏文章。"[1]

《普通高中语文课程标准(2017年版2020年修订)》推行以来,学习任务群教学成为高中语文教学的主要方式;在18个学习任务群中,"整本书阅读与研讨"被放在了第一位,可见其重要地位。

在当前的语文教学语境中,初中教材推荐的名著阅读实质上就是名著的整本书阅读,它和教材的单篇阅读,以及时下流行的群文阅读之间的关系,可以用下表进行对比。

单篇阅读、群文阅读、整本书(名著)阅读对比表

名称	与教材对应点	阅读对象	主要的学科学习价值
单篇阅读	教读课文	小文本	通过单篇的文本分析,学生学会文本分析的方法。
群文阅读(含主题阅读)	自读课文	多文本	①筛选、整合信息的能力。 ②同一种语言现象在不同文本中的体现,如比喻在多个文本中不同的表现形式。 ③同一主题的文本用不同的语言和艺术形式来表现它。

---

[1] 中华人民共和国教育部. 义务教育语文课程标准(2022年版)[M]. 北京:北京师范大学出版社,2022:33.

续表

名称	与教材对应点	阅读对象	主要的学科学习价值
整本书阅读	名著导读	大文本	通过整本书的阅读,学生利用大文本所提供的丰富的文本要素,获取多方面的语文学科学习的资源。

三种形式既可能均有助于语文学习,也可能对语文学习的作用不明显,关键是看阅读的学科指向和学科特色是否鲜明。语文学科阅读包含这三种形式,不同处在于鲜明的学科导向,规避群文阅读、整本书阅读中较普遍的重视思想道德与价值观而忽视学科知识与能力的问题。

从中可见,单篇阅读的价值主要在于教会学生文本分析的方法,群文阅读的价值主要在于获得比单篇阅读更大的思考和学习空间,而整本书阅读因其文本要素的丰富性,能够使学生获得多方面的语文学科学习的资源。下面,以整本书的学科阅读为例,谈谈语文学科阅读课的价值和利益。

我们对当前初中语文统编教材推荐的12本名著进行梳理后,按照文学、主题、形式三种不同标准进行了分类。

从文学角度,可分为:

中国古典文学名著:《西游记》《水浒传》《儒林外史》

中国现代文学:《朝花夕拾》《骆驼祥子》《艾青诗选》

外国文学:《海底两万里》《昆虫记》《简·爱》《钢铁是怎样炼成的》

实用类、学术类文本:《红星照耀中国》《经典常谈》

从主题角度,可分为:

第十一章 学科阅读课：拓展学科视野，深化学科理解

人生理解：《朝花夕拾》《骆驼祥子》《钢铁是怎样炼成的》
社会理解：《儒林外史》《西游记》《水浒传》《红星照耀中国》
情感理解：《简·爱》《艾青诗选》
自然理解：《昆虫记》
传统文化理解：《经典常谈》
想象世界理解：《海底两万里》

从形式角度，可以将12本书中的一部分分为：

结构理解：《儒林外史》《西游记》《水浒传》
手法运用：《朝花夕拾》《昆虫记》《艾青诗选》

我们对当前初中语文统编教材12本名著阅读（整本书阅读）的价值进行了梳理，概括起来，主要体现在思想、阅读和写作三个方面。

思想的价值体现在它是宝贵的写作资源。如《朝花夕拾》给予我们的人生理解：《琐记》里的衍太太，让我们看到这世间原来还有另一种"善人"；《从百草园到三味书屋》让我们看到人生不断失落的真相；《藤野先生》告诉我们正人君子的人格特征：有责任心、良心和勇气。对人生、社会的理解深入之后，写作的立意就能拔高；形成一定的人生观、价值观后，才能去思考生活中的现象，从而更好地构思和写作。

阅读的价值体现在读书方法的体验与获得、阅读理解能力的提升。以吴敬梓《儒林外史》为例，这部讽刺作品教会我们阅读讽刺作品的方法：首先是体会批判精神。讽刺作品中，作家塑造人物叙述故事，锋芒所向并非个别的人，而是以之为典型，针砭时弊，揭

露某种社会现象背后的荒谬本质,从而间接地表达对理想的向往。其次是学会欣赏讽刺笔法。在看似子虚乌有的情节和夸张变形的描写中曲折地揭示现实矛盾,是讽刺作品常见的一种手法。第三是联系现实深入理解。讽刺作品包含着深刻的批判精神,具有强烈的爱憎情感,阅读时,要努力联系现实,深入思考。《儒林外史》写于二百多年前的清代乾隆年间,但至今仍然令读者觉得"和我们的世界更接近"。①

写作的价值体现在学习整本书中丰富的表达技巧,领会不同书籍的个性化风格。《昆虫记》生动活泼的行文,轻松诙谐的语调,盎然的情趣,以及拟人化的写法,都是训练学生表达技巧的极好材料。山东省邹平市焦桥镇初级中学的刘丽老师曾设计了《跟着〈昆虫记〉学写作》一课,将"观察仔细、抓住特征、巧用修辞、饱含深情、想象丰富"这五点,作为通过读《昆虫记》所领会到的写作的金钥匙,颇有操作价值。

学科阅读的价值	思想的价值	对人生、社会的理解
		形成一定的人生观、价值观
	阅读的价值	读书方法的体验与获得
		阅读理解能力的提升
	写作的价值	学习丰富的表达技巧
		领会不同文本的个性化风格

以上三个方面的阅读价值,都能够体现在语文学科核心素养的提升上。首先,学科阅读对人生观、价值观产生了影响,学生对人生、社会的理解深入了,就能发展与提升思维,更好地传承与理解文化。其次,阅读理解能力的提升,本身就是思维发展与提升的体

---

① 中华人民共和国教育部. 义务教育教科书 语文 九年级 下册[M]. 北京:人民教育出版社,2018:65—66.

现。第三，表达技巧丰富了，语言建构与应用能力、审美鉴赏与创造能力的提升也就水到渠成了。

四、以《论语》为例谈学科阅读课的操作

学科阅读课是我们语文七种课型中的最后一种，迄今为止，虽有部分老师进行过尝试，但大多不得要领。下面以《论语》的学科阅读课为例，谈谈学科阅读课操作中的几个要点。

（一）课题的设置和材料的选择要合理

学科阅读课既然是课，那就意味着必须在课堂上发生，必须在教室中发生。它不是放手让学生自己去读的读书活动，而是必须体现教师主导性的教学活动。如果用做菜来比喻学科阅读课的教学设计，课题的设置就好像做菜时首先要考虑做哪种菜系、哪种风格的菜肴；材料的选择就好比思考在这种风格之下要采购哪些食材。学科阅读课备课之难在于它不同于文本分析课和预习课等课型，这些课型的教学材料都能够在教材之内找到，而学科阅读课课题的设置全靠教师对于教学材料的熟读和精思。

以《论语》为例，从中可以提炼出"学习""修身""反省""言行"等许多主题，但并非所有主题都适合挖掘出来作为课题进行教学。因为我们的备课除了备教学内容之外，还有很重要的一点是"备学情"。我们须得关注教学对象的实际情况，这些课题是否适合讲授给十四五岁的中学生，能否跟他们现有的经验与未来学习生活相联结。以此作为标准衡量之后会发现，"学习""仁""交友""君子"等都是在《论语》中被反复提及的主题，可以作为学科阅读的课题。比如，"论学习"在《论语》开篇《学而》即被提及，对中学生学习方法的习得和学习态度的培养很有价值，可以确定为课题。在这个大课题之下，可以分设"学习方法""学之时机""学

之重要""求知求道""好学乐学"等若干小课题;"仁"是《论语》倡导的核心价值,也是学生需必备的品格,也可以作为课题。在这个大课题之下,可以分设"仁者爱人""仁为己任""为仁之道""不为仁"等小课题;在"交友"这个大课题之下,可以设置"交友之道""如何交友""交友作用"等小课题;在"君子"这个大课题之下,可以设置"何谓君子""处世之道""安贫乐道"等小课题。

下面以"论学习"为例,谈谈小课题教学材料的选取。

《论语》"论学习"专题教学材料示例表

大课题	相关小课题	相关章句
学习	好学乐学	①子贡问曰:"孔文子何以谓之'文'也?"子曰:"敏而好学,不耻下问,是以谓之'文'也。"(《论语·公冶长》) ②子曰:"吾尝终日不食,终夜不寝,以思,无益,不如学也。"(《论语·卫灵公》) ③孔子曰:"生而知之者,上也;学而知之者,次也;困而学之,又其次也;困而不学,民斯为下矣。"(《论语·季氏》)
	学习方法	①子曰:"温故而知新,可以为师矣。"(《论语·为政》) ②子曰:"学而不思则罔,思而不学则殆。"(《论语·为政》) ③子曰:"三人行,必有我师焉。择其善者而从之,其不善者而改之。"(《论语·述而》)
	学之时机	①子曰:"学而时习之,不亦说乎?有朋自远方来,不亦乐乎?人不知而不愠,不亦君子乎?"(《论语·学而》) ②子曰:"加我数年,五十以学《易》,可以无大过矣。"(《论语·述而》) ③子曰:"兴于《诗》,立于礼,成于乐。"(《论语·泰伯》)

续表

大课题	相关小课题	相关章句
学习	学之重要	①子曰:"君子博学于文,约之以礼,亦可以弗畔矣夫!"(《论语·颜渊》) ②子曰:"君子谋道不谋食。耕也,馁在其中矣;学也,禄在其中矣。君子忧道不忧贫。"(《论语·卫灵公》) ③子夏曰:"博学而笃志,切问而近思,仁在其中矣。"(《论语·子张》)
	求知求道	①子曰:"由,诲女知之乎!知之为知之,不知为不知,是知也。"(《论语·为政》) ②冉求曰:"非不说子之道,力不足也。"子曰:"力不足者,中道而废。今女画。"(《论语·雍也》) ③子曰:"我非生而知之者,好古,敏以求之者也。"(《论语·述而》)

(二)学科阅读课要重视学科的边界

学科阅读课是语文的七种课型之一,必须着眼于语文知识和能力的建构,为提升学生的语文素养服务。《论语》作为经典著作,语文、历史等学科都可以读,历史学科关注的重点是跟历史学相关的部分,语文学科关注的重点则是跟语文学习相关的部分。

《论语》是记录孔子言行的著作,被看作"圣人之言"。《论语》在历史学科阅读课的价值,主要体现在有关政治、经济、军事、思想教育等方面的史料价值上,如它主要体现了先秦思想史,特别是早期的儒家和孔子的思想。具体来说,历史学科关注的是散见于《论语》中的对周代的礼仪制度、孔子生平行迹、孔门弟子史料等的记录;而语文学科阅读课对于《论语》的讲授,主要有两种用法。第一是可以把《论语》作为文言学习、经典言论学习的资料,如七年级上册教材的《〈论语〉十二章》课后"积累拓展"中设计的"《论语》中有不少语句逐渐演化并固定为成语,至今仍活跃在现代汉语中,如'温故知新''不耻下问''诲人不倦''后生可畏'

'当仁不让'等。你还知道哪些？课外搜集一些，与同学分享"。第二是可以把《论语》中的各种想法运用于实践场景，以理解其思想的精髓，验证其思想的价值，甚至看出其思想的局限。如七年级上册教材的《〈论语〉十二章》课后"思考探究"中设计的"孔子及其弟子在学习态度和学习方法上有哪些观点？选择其中一点谈谈你的体会"。对于"温故而知新，可以为师矣"这种学习方法，学生可以结合自己学习的体会探讨一下对"温故而知新"的解释是不是如课文注释所说"温习学过的知识"必然"可以得到新的理解和体会"。如果不是，那么孔子在这里所说的"温故而知新"是否应该包含"懂得在新的情境中运用这些知识"，这样才"可以当老师"，这才是孔子思想的精髓。这样的讨论有助于建构学生的思想，锻炼学生的审辨思维，对其作文的构思、立意、选材等方面，均有较大的助益。

（三）教师要注重对阅读过程的把控和管理

学科阅读因为教学时间的有限，常常采用短、平、快的速读方式，学生功利化阅读的目的较为明显。在此情况下，教师对于学生阅读过程的把控和管理就变得很重要了。以下几点是在操作中可以借鉴的做法。

第一，合理切分任务。教师可以将整本《论语》的阅读设计为一个学月或一个学期的总任务，再分配到每一天、每一周几章或几篇，让学生按照具体章节循序渐进地进行阅读。同时，可以安排一部分自习或延时服务的时间，让学生在课堂上完成阅读，这比放到课后去阅读效果要好得多。

第二，读与思结合。要用做笔记、做读书卡片、绘制思维导图等方式，保证学生在阅读《论语》的过程中有所思考和体会。可以用检查读书笔记、展示读书卡片、分享思维导图的方式来分享学生思考的成果。

第三，搭建展示的平台。在学科阅读进行到一定阶段后，教师要积极为学生创设分享交流的平台，以阅读报告、现场研讨、作品创作等形式呈现并作分享，下面是几个例子：

1. 《论语·季氏》中说："孔子曰：'益者三友，损者三友。友直，友谅，友多闻，益矣。友便辟，友善柔，友便佞，损矣。'"我们来开展一个"向《论语》学习交友之道"的交流分享活动，请大家说说什么样的朋友值得交往。

2. 《论语·宪问》中说："子曰：'君子道者三，我无能焉：仁者不忧，知者不惑，勇者不惧。'子贡曰：'夫子自道也。'"我们来开展一个"向《论语》学习君子之道"的交流分享活动，请大家口头探讨"什么是君子"，然后以"我心中的君子"为话题写一段自己的感受。

3. 《论语·雍也》中说："宰我问曰：'仁者，虽告之曰："井有仁焉。"其从之也？'子曰：'何为其然也？君子可逝也，不可陷也；可欺也，不可罔也。'"我们来开展一个"向宰我学习大胆质疑"的交流分享活动，请大家说说如何训练批判性思维。

因为全班同学都读了这本书，不同学生的思考角度和收获当然不尽相同，开设交流分享活动，有助于同龄人之间的启迪和借鉴。

罗晓晖老师曾经提出："当今学校中普遍没有安设在课表中的学科阅读课，这是课程结构的重大缺失。……学科阅读课的开设是当务之急。让学生多读书，少做题，这是扭转目前教学弊病、实现减负增效的关键。"① 在我们的整个课型分类中，学科阅读课在学生学科视野的拓展、学科理解的深化方面的价值，是其他任何一种课型都无法替代的，这也是增加当前语文课堂的营养成分、培养学生语文思维的必然方向。

---

① 出自罗晓晖《语文的学科阅读课：读什么与怎么读》，见微信公众号"语文渡 lxh"。

后记：关于课型的那些事

"春花正夹岸，何必问桃源。"终于即将交出《基于课型分类的语文教学实践》书稿的此刻，已是癸卯仲春之际。如果说本书是在这个春日里绽放的百花之中的一朵，那么它的蕴蓄，其实已走过9个年头。

"今年春风已撩乱，千株万卉皆萌芽。"大概是在2014年的一次讲座中，罗晓晖老师首次提及他的"课型分类"教学思想，当时我的感受和大多数老师一样，难以理解和接受这过于"前卫"的课堂变革。在此后的多次交流中，他遵循学理，反复向我阐释课型分类之必要和迫切，我对此观念的认同也在潜滋暗长。2016年，在我和他合作的第一本书《文本解读与阅读教学讲谈》中，我们基于单元教学有序化、提升语文教学效益的目的，首次正式提出了"预习课"等七种课型。但那时候我们对于课型分类的思考仍然不尽完善。比如，那时尚未完全合理确定各个课型的名称，把预习课称为"预习和语言基础知识学习课"，把文学史课称为"文学史和文化知识课"；课型分类仅止于理论构想，而未能在实践中验证。2017年暑假，我到成都市高新区给初中语文教师进行统编教材培训，开设了题为《基于统编语文教材的课型分类思想及其操作意见——以七年级上册为例》的专题讲座，那是第一次将课型分类思想落实到一个单元的教学设计当中。无论是在书上写还是在讲堂上说，我始终觉得课型分类还是停留在理论层面的东西，并期待某一天能够将它付诸实践。

"日日来寻坡上梅，枯槎忽见一枝开。"念念不忘，必有回响。2017年10月，我接受了一次培训的授课任务，迅即决定选取文本分析课这一基本课型去执教《使至塞上》这首经典古诗。不讲文学常识，不搞知人论世，不抓意象赏析，也不搞读写结合，那节课，我的教学目标就是带领学生用提取文本语义信息的方式，读懂诗歌。尽管因为整个设计轻预设重生成而让现场"险象丛生"，但同时也让课堂教学精彩纷呈；学生通过这堂课获得了实在可行的文本解读方法，迅速独立成功地解读了另一首新的诗歌。那份喜悦我至今仍能深深记得。这次实践，也提振了我在课型分类这条路上走下去的信心。2018年，在我与罗老师合作的第二本书《追求更高品质的阅读教学——中学语文名师课例深度剖析》中，我们经过慎重考量，正式将课型分设为：预习课、文本分析课、评价鉴赏课、文学史课、训练课、综合实践课、学科阅读课七种。

"春日迟迟，卉木萋萋。"2019—2022年期间，我深度参与了成都市高新区大源学校的初中语文学科质量提升项目。在"扎根大源"的三年时间里，我和语文组全体老师们通过磨课献课、专题讲座、专业书籍共读等方式，聚焦"课型"，一起走进课型分类实践的"青草更青处"。这个阶段的摸爬滚打，最终形成了一份份来源于课堂实践的鲜活的教学设计，因此也丰盈了这本书的案例部分。石磊老师进行的"素读文本"教学实践，是文本解读乃至整个课型分类教学的前提；张婷婷老师的《端午的鸭蛋》文本分析课教学实践，让老师们一窥散文文本分析课的真容；牛仲毅老师的《愚公移山》文本分析课教学实践，开辟了文言文文本分析之路径；我开展的八年级上册第三单元单元整合的鉴赏课教学实践，将"典雅"的语言风格上到了学生的心中；语文组全体教师进行的八年级上册第四单元评价课教学实践，获得了高新区集体备课说课比赛一等奖；棕北中学的张楠老师到大源学校借班上课，进行预习课的教学实践，让全市前来听课的老师由衷意识到预习课在当前教学形势下的必要；成都市双流区成信大实验学校的杨洁老师在自己班上进行了七年级预习课的教学实践，并写成了教学论文发表；棠湖中学的彭粒老师迄今已在高中实施了接近两年的文本分析课和评价鉴赏课教学实践，在喜马拉雅拥有众多听众；成都市金牛区七中万达学校初中语文组的老师们先后进行了文学史课和综合实践课的教学实践，被罗晓晖老师评价为"了不起的尝试"；电子科大实验中学初中语文组的老师们进行了学科阅读课的教学实践，在成都市初中语文骨干教师培训上献课……武侯、高新、金牛、双流，七种课型的种子纷纷落地，在三年的时间里竞相绽放。"课型"的春天虽然来得缓慢，但在风融雨润的季节，必将生机勃勃、郁郁葱葱。

"长松落落，卉木蒙蒙。"2020年10月31日，罗晓晖老师的微信公众号"语文渡lxh"开通，我们在其中分享了这一系列课型实践的文章。没有想到，竟收获了越来越多志同道合者的关注和转发。我们拥有了来自上海、江苏、山东、广东、陕西、湖南等天南地北的课型分类支持者，我们体会到了传播的力量，感受到课型分类这棵树苗在语文教学的天地之间正在拔节。这让我们越来越确定：在《课标》所倡导的"素养导向"的语文学习下，根据语文学科本身的知识和能力要求来划分的课型，是符合学科学理和学科教学学理的，它有助于教师合理确定教学目标和教学内容，有利于语文教学回归学科教学正轨，有益于培养学生的学科思维。

于是，在罗老师的大力鼓励和支持下，我决定着手将此前散见于公众号的与课型相关的文章汇集起来，形成一本自己的书。其间的艰辛与煎熬和此前每一次做教学设计一样，滋味万千，却又更为浓烈。每一篇文章不经历多达近十次的反复打磨，万不可能得到罗老师的首肯，深宵灯火几乎"漂白"了整个春节。在此回望之际，要特别感谢罗晓晖老师近十余年来对我专业成长和人格修养方面的引领和砥砺，他将自己原创的"课型分类"语文教学思想毫无保留地交由我去实践的宽容大度，本就是他认为教师最应该具备的两个重要素养——"专业性""慈悲心"的最好体现。同时，我还要特别感谢本书的策划编辑李淑云老师，我们初次见面交流，她便对该书充分认可，三天之内和我签订正式出版合同，这才有了此书的顺利出版。我还要感谢"语文渡"审稿群里的每一位小伙伴，当我跋涉在课型分类实践这条充满不确定性的开拓性道路上时，是他们用行动和陪伴告诉我：我们是一群人在向前走。

最后，要感谢所有的读者。为了语文教学的实质提升，我们一直在努力。

冯胜兰

2023年3月13日，于黄荆路13号四川省教育评估院